AF627575

Praxisbuch

Schamanische KRAFTTIERE

EMF

EIN BUCH DER
EDITION MICHAEL FISCHER

INHALT

ERSTE EINBLICKE UND VORWORT 7

VORWORT 8

EINE BESONDERE KRAFTTIER-BEGEGNUNG 8

MEIN WEG ZUM SCHAMANISMUS UND ZU DEN KRAFTTIEREN 10

ÜBER DIESES BUCH 12

Kann man die Arbeit mit Krafttieren aus einem Buch lernen? 13

GRUNDLAGEN 15

WAS IST EIN KRAFTTIER? 16

KRAFTTIERE IM WEITEREN SINNE 19

Das Wort Krafttier im Alltagsgebrauch 20

SCHAMANISCHE KRAFTTIERE 33

Wer oder was sind Krafttiere wirklich? 34

Warum begleiten uns Krafttiere? 39

Zur Frage: „Habe ich ein Krafttier?“ 40

Wie Krafttiere uns im Alltag helfen 42

Krafttiere als Helfer bei der schamanischen Heilarbeit 43

Was tun, wenn ein Krafttier auftaucht? 44

KRAFTTIERE SELBST ENTDECKEN 45

CRASHKURS: SCHAMANISCHE GRUNDLAGENFÄHIGKEITEN 46

Außersinnliche Wahrnehmung (ASW) 47

ASW-Vorübung 53

Meditation und Trance 54

Meditation 1: Weise und erleuchtet 60

Meditation 2: Die Wirklichkeit des Waldes 62

Meditation 3: Vergessen und Erinnern 64

Energetik 66

Energetik-Übung mit einem Baum 67

Tiefe Energie-Atmung 68

Schamanische Hilfsmittel 69

DEINE KRAFTTIER-BEGLEITER KONTAKTIEREN 72

Kommunikationstechnik 1: Ein Krafttier aus dem Nebel 72

Kommunikationstechnik 2: Deine innere Sicht erwecken 74

TRANCE-REISEN ZU EINEM KRAFTTIER-BEGLEITER 76

Trance-Reise 1: Basis 78

Trance-Reise 2: Krafttier-Welten entdecken 80

DEIN KRAFTTIER-ALTAR 81

Wofür ist ein Krafttier-Altar gut? 81

Wie du einen Krafttier-Altar errichtest 82

DEIN KRAFTTIER-ORAKEL **83**

Für welche Zwecke kann ich ein Karten-Orakel nutzen? 83

Anwendung 86

Deutung mithilfe der Krafttier-Portraits 87

DEIN ALLTAG MIT KRAFTTIEREN **88**

Krafttier-Übungen in den Alltag integrieren 88

Kraft tanken mit Krafttieren 89

Antworten bekommen 89

Wie kann ich sicher sein? 89

DIE KRAFTTIER-PORTRAITS **91**

HILFREICHE HINWEISE ZU DEN KRAFTTIERPORTRAITS **92**

INTUITIVE DEUTUNG **94**

ADLER 96

AFFE 98

Gorilla 100

Orang Utan 101

AMEISE 102

AMSEL 104

ANTILOPE 106

BÄR 108

Braunbär 110

Eisbär 111

Grizzlybär 112

Koalabär 113

Pandabär 114

Waschbär 115

BLINDSCHLEICHE 116

BIENE 118

BUCHFINK 120

BUNTSPECHT 122

BUSSARD 124

BÜFFEL 126

CHAMÄLEON 128

DACHS 130

DELFIN 132

DRACHE	134	HUHN	186
EICHELHÄHER	136	HUND	188
EICHHÖRNCHEN	138	HYÄNE	190
ELCH	140	IGEL	192
ELEFANT	142	JAGUAR	194
ELSTER	144	KANINCHEN	196
ENTE	146	KATZE	198
ERDMÄNNCHEN	148	KRANICH	200
ESEL	150	KRÄHE	202
EULE	152	KROKODIL	204
FALKE	154	KRÖTE	206
FAULTIER	156	KOLIBRI	208
FLEDERMAUS	158	KREBS	210
FLIEGE	160	LACHS	212
FLUSSPFERD	162	LEGUAN	214
FROSCH	164	LEOPARD	216
FUCHS	166	LIBELLE	218
GEIER	168	LÖWE	220
GIRAFFE	170	LUCHS	222
GRAUREIHER	172	MANTA	224
GÜRTELTIER	174	MARIENKÄFER	226
HAI	176	MAUS	228
HASE	178	MEERSCHWEINCHEN	230
HEUSCHRECKE	180	MILAN	232
HIRSCH	182	MÖWE	234
HIRSCHKÄFER	184	NACHTFALTER	236

NASHORN	238
OKTOPUS	240
OTTER	242
PFAU	244
PFERD	246
PHÖNIX	248
PINGUIN	250
PUMA	252
QUALLE	254
RABE	256
RATTE	258
REH	260
RIND	262
ROTKEHLCHEN	264
SALAMANDER	266
SCHAF	268
SCHILDKRÖTE	270
SCHLANGE	272
SCHMETTERLING	274
SCHNABELTIER	276
SCHNECKE	278
SCHNEELEOPARD	280
SCHWAN	282
SCHWARZER PANTHER	284
SEEHUND	286
SEEPFERDCHEN	288
SKORPION	290
SPINNE	292
STINKTIER	294
TAUBE	296
TIGER	298
WAL	300
Blauwal	302
Buckelwal	303
Narwal	304
Orca	305
WESPE	306
WIESEL	308
WILDSCHWEIN	310
WOLF	312
ZEBRA	314
ZIEGE	316
ÜBER DEN AUTOR	**318**
DANKSAGUNG	**319**

ERSTE EINBLICKE UND VORWORT

VORWORT

All jenen, die bislang noch nicht mit schamanischen Krafttieren in Berührung gekommen sind, mag ihre Existenz vielleicht erst einmal sehr unwirklich vorkommen. Doch es gibt so viel mehr, als wir zu wissen glauben. Wenn man beginnt, mit Krafttieren bewusst zusammenzuarbeiten, und mit ihnen Verbindung aufnimmt, dann kann man immer wieder sehr lehrreiche und auch spirituell heilsame Erfahrungen machen. Im Laufe der Jahre sind mir persönlich unzählige Krafttiere begegnet. Manche dieser Begegnungen blieben mir besonders in Erinnerung. Ich möchte die folgende zu Beginn dieses Buches mit dir teilen. Sie hat mich tief in meinem Herzen berührt. Und ich finde, sie ist eine sehr schöne Einführung in die Welt der Krafttiere.

Dieses Buch ist für all diejenigen, die ebenfalls Lust darauf haben, sich auf dieses wundersame Abenteuer einzulassen.

Benjamin Maier

EINE BESONDERE KRAFTTIER-BEGEGNUNG

Ein sehr kräftiger Schneeleopard stellte sich eines Tages bei mir vor. Er war gleich viel präsenter und näher bei mir als alle anderen Krafttiere, die ich bisher kennenlernen durfte. Seine Stimme war tief und durchdringend. Sie schien aus meinem Inneren selbst zu kommen. Daher war ich gleich etwas skeptisch. Bei solchen Dingen gehörte ich mittlerweile zu den Vorsichtigen. So blieb ich zunächst in einer inneren Beobachterposition, mit Abstand, um zu prüfen, was da genau mit mir geschah. Ich beobachtete diesen Schneeleoparden erst mal eine ganze Weile, um herauszufinden, womit ich es hier genau zu tun hatte.

Bei einer späteren Gelegenheit, in einer tiefen Meditation, kam er wieder ganz nah zu mir. Er lud mich ein, mit ihm zu gehen, und ich folgte ihm. Er meinte, er wolle mich zu einem geheimen Ort bringen. Das machte mich natürlich neugierig. Nach einer kurzen Trance-Reise gelangten wir zu einem Gebirge. Es war recht kalt dort.

Schnee lag auf der Erde und auf den Felsen und ein kühler Wind pfiff hier und da an uns vorbei. Es roch sehr frisch, nach Gebirge. Teilweise spürte ich auch eine Schneeflocke im Gesicht. Wir bezogen kurz Stellung und er prüfte die Gegend.„Dort oben gibt es eine Felsspalte, die nur wenige kennen“, sagte der Schneeleopard zu mir. Er führte mich daraufhin in diese Spalte hinein und aufmerksam an den kantigen Felsen entlang. Es war recht eng dort und ich hatte ein beklemmendes Gefühl. Je weiter wir uns in den Berg hineinwagten, desto stärker schien sich auch das Licht zurückzuziehen. Aber ich gewöhnte mich schnell daran. Während er leise voranschritt, lugte er immer wieder mit einem Auge zu mir nach hinten. Prüfend ging er voran und ich folgte aufmerksam und alarmiert-wach. Ich spürte, dass gleich irgendetwas Eigenartiges geschehen würde. Aber ich war bereit, mich dem zu stellen, was auch immer dort auf mich wartete.

Nach ein paar Minuten öffnete sich die Felsspalte etwas und wir gelangten in eine Art natürlichen Felsenraum. Dort war es noch dunkler als in der Spalte. Denn hier fehlte das Licht von oben. Es schien nur aus der Spalte hinter uns etwas Licht herein. In diesem dunklen Raum befand sich etwas in der Mitte. Etwas, das ich zunächst nicht erkennen konnte. Alles wirkte sehr mystisch und mit einer besonderen Kraft erfüllt. Die Luft war angespannt, so wie ich. Als der Schneeleopard dann dieses Etwas in der Mitte des Raumes ansprach, wurde es für mich sichtbar.

„Hier ruht ein spezieller Trank für Menschen. Er soll demjenigen Macht geben, der sein Geheimnis entschlüsselt“, raunte er mir zu. „Okaaaay“, dachte ich, „was soll das denn?“ Er bemerkte meine leichte Irritation und schaute mich weiter prüfend an. Ich fühlte, wie er mich ganz genau von oben bis unten scannte. Die Zeit schien wie eingefroren. Wir beide warteten irgendwie darauf, dass etwas geschehen würde. Und so verharrten wir einige Momente in dieser seltsamen, regungslosen Stille.

Und dann plötzlich verstand ich, um was es ihm hier ging. Er wollte mich auf die Probe stellen! Ich nahm meine Energie zusammen und erwiderte so gefasst, wie ich es in diesem Moment vermochte: „Solche Versuchungen sind mir bekannt.“ Ich gab ihm zu verstehen, dass ich den Trank ablehnte, und sprach weiter: „Die Macht liegt nicht in irgendeinem Trank, sondern im Bewusstsein selbst.“

Die ganze Szene verwandelte sich schlagartig vor meinen Augen. Sie wirkte nicht mehr so düster und klamm, sondern eher einladend und freundlich. Der Schneeleopard war sehr zufrieden mit mir und deutete auf mein Herz mit den Worten: „Da ist wahre Macht.“

MEIN WEG ZUM SCHAMANISMUS UND ZU DEN KRAFTTIEREN

Für mich stand zu Schulzeiten schon fest, dass ich später einen Beruf haben würde, bei dem es um Heilung, Spiritualität, Lebensweisheit und Philosophie gehen würde. Wenn man mich damals fragte, was ich später beruflich machen möchte, dann meinte ich nur, dass das Leben an sich mein Beruf sein soll. Schon recht früh las ich viele esoterische Bücher und beschäftigte mich mit Meditation und allerlei spirituellen Phänomenen und Fähigkeiten. Ich erinnere mich sehr gut daran, wie ich als Jugendlicher unbedingt die Aura sehen lernen wollte und meinen jüngeren Bruder einspannte, um an ihm zu üben.

Das Thema Krafttiere hingegen hatte mich offen gesagt anfangs nicht aktiv interessiert. Ich habe dieses Phänomen nicht bewusst erforscht. Es kam einfach nach und nach immer näher zu mir, so als hätten die Krafttiere mich gesucht. Meine ersten intensiven Erfahrungen in der Kindheit waren sehr reale Träume, in denen ich Besuch von Krafttieren bekam, die mir nichtalltägliche Dinge zeigten. Diese Träume sind mir heute immer noch sehr präsent. Wölfe und Wale begegneten mir damals besonders oft in meinen Träumen.

Nach meinem Abitur und dem Zivildienst bei einem Naturschutzbund, einer abgebrochenen Heilpraktikerausbildung und einem Semester Philosophiestudium beschloss ich, spirituelle Ausbildungen zu besuchen, um mir selbst einen Beruf aufzubauen, den es so noch nicht gab. Alles andere schien kein Weg für mich zu sein. Was ich damals im Studium und in der Heilpraktikerschule kennenlernte, war sehr verkopft und für mich nicht tiefgehend genug.

Zehn Jahre lang ließ ich mich in diversen spirituellen Bereichen ausbilden und fing recht bald an, selbst Einzelsitzungen anzubieten und damit meinen Lebensunterhalt zu verdienen. Ich lernte Techniken, mit denen ich meine außersinnlichen Fähigkeiten gezielt trainieren konnte. Und das tat ich dann auch tagein, tagaus. In einem Seminar ging es darum, zu lernen, wie man channelt. Beim Channeling geht es darum, feinstoffliche Wesenheiten durch sich hindurch sprechen zu lassen. Das hat mich total fasziniert und entsprach voll meinem Naturell. Es ging dabei unter anderem auch darum, mit Krafttieren zu kommunizieren. Und so machte ich meine ersten bewussten Schritte in ihre Welt. Ich übte und übte und wurde sehr gut darin. Ich bot dann auch regelmäßig Erlebnis-Abende an, bei denen ich die Krafttier-Begleiter der Teilnehmenden durch mich hindurch sprechen ließ. So konnten sie sich sehr unmittelbar mit ihren Krafttier-Begleitern unterhalten.

Und dann merkte ich nach und nach, dass das, was meinen beruflichen Weg am besten auszudrücken vermochte, der Begriff Schamanismus war. Es begeisterte mich sehr, mit Naturkräften und Naturwesen zusammenzuarbeiten. Die schamanische Geistheilung rückte immer mehr in meinen Fokus. Da Krafttiere geniale schamanische Helfer sind, begann ich, mich immer intensiver mit ihnen zu beschäftigen. Ergänzend dazu legte ich nun meine Heilpraktikerprüfung erfolgreich ab, eröffnete meine Naturheilpraxis und nahm mein Philosophiestudium wieder auf.

Heute bilde ich auch andere darin aus, schamanisch zu arbeiten, unter anderem mit Krafttieren. Die Krafttiere sind mir sehr ans Herz gewachsen, denn sie sind sehr friedvoll, lebensfroh, hilfsbereit und pure Liebe. Ich mag einfach ihre Präsenz.

ÜBER DIESES BUCH

Ich bin kein theoretischer Schamanismus-Forscher, kein Ethnologe, Religionswissenschaftler oder Soziologe, sondern ein schamanischer Praktiker. So habe ich selbst die Krafttiere nicht aus Büchern kennengelernt oder geschaut, welche Rolle sie in indigenen Kulturen spielen. Ich wollte immer direkt an die Quelle von solchen Phänomenen, die zunächst ungreifbar erscheinen. Ich wollte eigenes Wissen schaffen. Und das geht nur über die eigene Erfahrung.

Sehr schnell bemerkte ich bei dem Thema, dass der Begriff Krafttiere sehr schwammig definiert ist. Das Wort wird für alles Mögliche gebraucht: Es gibt Märchen und Fabeln über Tiere, astrologische Tiere, Brauchtümer mit Tiersymbolen und dann gibt es feinstoffliche Tiergeister, mit denen man sich direkt unterhalten kann, und so weiter. Das alles wird in einen Topf geworfen und keiner scheint genauer zu differenzieren. Ich versuche, dir in diesem Buch einen Überblick über all diese Bereiche zu geben.

Wenn man im Internet recherchiert oder in Esoterikkreisen unterwegs ist, dann scheint jeder sofort zu wissen, um was es bei Krafttieren geht. Fragt man aber genauer nach, sind schnell keine oder nur noch sehr vage Antworten übrig. Ich gebe dir für solche Fälle Tipps, wie du für dich in diesem Dschungel Klarheit schaffen kannst.

Ich persönlich löste dieses Problem, indem ich bei vielen Gelegenheiten meine Fragen direkt an das Krafttier stellte. Zudem begannen irgendwann auch diverse Krafttiere, mich zu lehren. Einige meiner Grundlagentechniken bei der schamanischen Geistheilung stammen **von Krafttieren selbst.**

So offenbarte sich mir das Phänomen Krafttier nach und nach auf eine Weise, die ich selbst gut nachvollziehen und in diesem Buch somit auch an andere mit einem guten Gefühl weitervermitteln kann. Ich begann zusätzlich, zu recherchieren, was denn alles unter dem Wort Krafttier verstanden wird. Und so vervollständigte sich das Bild immer mehr.

In diesem Buch bekommst du den aktuellen Stand meiner Einsichten. Daher möchte ich hier noch kurz darauf hinweisen, dass ich nicht die letzte Wahrheit über Krafttiere verkünde oder verkünden möchte, sondern meine **persönliche und aktuelle Sichtweise** auf das Thema beschreibe.

KANN MAN DIE ARBEIT MIT KRAFTTIEREN AUS EINEM BUCH LERNEN?

Grundlegend kannst du mit diesem Buch lernen, bewusst mit Krafttieren zusammenzuarbeiten. Inwieweit dir dies gelingt, hängt davon ab, wie groß deine Bereitschaft ist, die Techniken regelmäßig zu üben. In gewisser Weise spielt auch dein Talent eine Rolle. Wenn du eine natürliche Begabung für die Arbeit mit Krafttieren mitbringst, wirst du schneller lernen, und wenn nicht, musst du mehr üben. Aber so ist es mit allen Fähigkeiten, egal, ob es Fahrradfahren oder außersinnliche Wahrnehmung ist.

Ich präsentiere dir in diesem Buch ein paar sehr gute und einfache Techniken. Diese Techniken werden dir helfen, dich dem Phänomen Krafttier so anzunähern, wie ich es tat, Schritt für Schritt. So kannst du mit der Zeit viele eigene Erfahrungen sammeln.

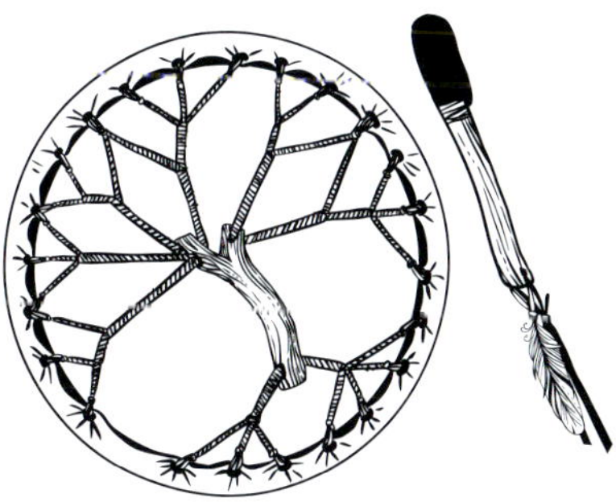

Allerdings, da muss ich ehrlich sein, ist das Lernen mit einem Buch etwas ganz anderes, als wenn man eine schamanische Ausbildung absolviert. Im Rahmen einer solchen kann man Fragen stellen, bekommt Feedback und hat Austausch mit anderen. Man wird einfach intensiver begleitet. Wenn du also merkst, dass du generell mit dem Lernen mit einem Buch nicht so gut zurechtkommst, mach dir keinen Kopf, dann brauchst du eben einfach eine intensivere, praktischere Ausbildung. In diesem Fall hast du dann mit diesem Praxisbuch eine sehr gute Einführung in das Thema.

In diesem Buch werde ich auch andere schamanische Themen streifen, denn die schamanische Arbeit mit Krafttieren ist kein isolierter Bereich im großen Feld des Schamanismus. Manches werde ich dann nicht weiter ausführen, weil es hier vordergründig um Krafttiere gehen wird. Für tiefer- und weitergehendes Lernen empfehle ich dann, eine komplette schamanische Ausbildung zu absolvieren. Wenn du dafür bereit bist, wirst du den Ruf schon in dir spüren ...

Aber jetzt möchte ich dir erst mal **das Phänomen Krafttier** näherbringen – zuerst theoretisch und dann ganz praktisch. Los geht's!

GRUNDLAGEN

Das Phänomen Krafttier

WAS IST EIN KRAFTTIER?

Wie bereits in der Einleitung geschildert, ist diese Frage erst mal gar nicht so leicht zu beantworten. Denn wenn man alles, was irgendwie mit Tieren und mit besonderen Bedeutungen oder Kräften zu tun hat, in einen Topf wirft, kommt eine ziemlich bunte Suppe dabei heraus. Außerdem kursieren viele Begriffe, wenn es um das Phänomen Krafttier geht. Wenn jemand zum Beispiel von einem Seelentier, einem Helfertier oder einem Tiergeist spricht, dann ist oft nicht klar, was derjenige damit meint.

TIPP

Lass dich nicht verwirren von all den Begriffen, die in der Esoterikwelt kursieren. Frage nach, was genau er oder sie damit meint. So beugst du Missverständnissen vor.

Für eine bessere Orientierung im Begriffe-Dschungel bin ich dazu übergegangen, für das große, weite Themenfeld und alles, was mit Krafttieren auf irgendeine Art und Weise in Verbindung gebracht wird, den Begriff **„Phänomen Krafttier“** zu verwenden.
Um voneinander abzugrenzen, was ich unter Krafttieren verstehe und was nicht, unterscheide ich außerdem zwischen **Krafttier im weiteren Sinne und Krafttier im engeren Sinne.** Was ich damit genau meine, findest du auf der nächsten Seite kurz zusammengefasst. Später im Buch gehe ich dann noch mal ausführlicher auf beide Bereiche ein.

KRAFTTIERE IM WEITEREN SINNE
(DAS GROSSE PHÄNOMEN KRAFTTIER)

Darunter fasse ich alle Sichtweisen zusammen, die Krafttiere nicht im engeren Sinne verstehen, sondern ausgehend von biologischen Tieren und ihren Lebens- und Verhaltensweisen, kulturelle Zuschreibungen, Assoziationen, traditionelle Ansichten, religiöse oder spirituelle Phänomene, Bedeutungen und konstitutionelle Beschreibungen, zum Beispiel ein Totem oder verstorbene Tierseelen.

Mehr dazu erfährst du ab Seite 19.

KRAFTTIERE IM ENGEREN SINNE
(SCHAMANISCHE KRAFTTIERE)

Dies sind für mich die echten Krafttiere. Ich bezeichne diese daher auch als **schamanische Krafttiere.** Viele von ihnen stehen den Menschen als Krafttier-Begleiter im Alltag gerne zur Seite.

Mehr dazu erfährst du ab Seite 33.

Exkurs

Mit Begriffen ist es immer so eine Sache ...
Denn ein Begriff hat zunächst nichts mit der Sache an sich zu tun. Es gibt da etwas in der Wirklichkeit. Und ein Begriff ist dafür da, damit sich jemand darüber mit jemand anderem austauschen kann.

Begriffe sind also nicht die Wirklichkeit an sich, sondern Konstrukte des Geistes, um einen Konsens in einer gemeinsamen Realität zu finden.

Stell dir vor, jeder hätte einen anderen Begriff für einen Stuhl. Dann müsste man jedes Mal, wenn man sich über einen Stuhl unterhalten möchte, vorab immer wieder von Neuem abklären, wer den Stuhl wie nennt, damit der jeweils andere weiß, wovon man spricht. Das wäre natürlich sehr umständlich. **Daher vereinfachen uns Begriffe den Alltag und das Miteinander enorm.**

Auf der anderen Seite schränken Begriffe aber auch stark ein, denn sie verdecken, wie die Dinge wirklich sind.

KRAFTTIERE IM WEITEREN SINNE

Wir schauen uns auf den nächsten Seiten zunächst **Krafttiere im weiteren Sinne** an, um am Ende zu betrachten, was **Krafttiere im engeren Sinne** sind.

DAS WORT KRAFTTIER IM ALLTAGSGEBRAUCH

SYMPATHIE MIT EINER TIERART

Wenn jemand Sympathie gegenüber einer Tierart empfindet, dann wird manchmal von Krafttier gesprochen. Jemandem gefallen zum Beispiel Katzen. Dann könnte er oder sie sagen: „Mein Krafttier ist die Katze, weil ich mit Katzen in besonderer Resonanz bin." Viele haben ja auch eine Lieblingstierart, mit der sie sich sehr verbunden fühlen. Und wenn einem das Kraft gibt, kann man das natürlich auch als Krafttier bezeichnen. Das begegnet einem im Alltag immer wieder mal, hat aber nichts direkt mit einem Krafttier im engeren Sinne zu tun.

SICH EIGENSCHAFTEN VON TIEREN ZUSCHREIBEN

Der Begriff Krafttier wird auch gerne benutzt, wenn sich jemand überlegt: „Wenn ich ein Tier wäre, welches Tier wäre ich dann?" Man überlegt sich quasi, ob man ähnliche Eigenschaften hat. Jemand ist zum Beispiel eher träge und gemütlich. Da könnten andere dann sagen: „Hey, dein Krafttier ist bestimmt das Faultier." In diesem Fall kommen andere auf die Idee, einem ein Tier zuzuweisen.

Oder jemand will so majestätisch wie ein Löwe sein, also sagt er dann, dass sein Krafttier der Löwe sei. Hier sucht sich jemand besondere Kraft, indem er sich mit einer Tierart identifiziert. So etwas wird auch manchmal für Marketingzwecke benutzt, oder um ein Statement zu setzen: „Komm in den Kreis der Löwen." Oder „Sei ein Adler, kein Huhn."

TIERVERHALTEN SYMBOLISCH DEUTEN

Bei vielen Tierarten kann man sich informieren oder auch direkt beobachten, wie diese leben. Und diese Infos kann man symbolisch deuten beziehungsweise auf menschliche Lebensthemen übertragen. Solche Deutungen habe ich schon oft gesehen. Und vermutlich ist das Tierverhalten auch die Quelle für die allermeisten „Krafttier-Botschaften", die man hie und da findet.

Das ist grundlegend eine gute Vorgehensweise und das habe ich früher zeitweise auch so gemacht. Aber je intensiver ich mit den echten Krafttieren zu tun hatte, umso mehr merkte ich, dass das dann doch noch mal etwas anderes ist. Klar gibt es dabei Überschneidungen, denn eine Tierart und das entsprechende Krafttier gehören zusammen. Sie kommen aus derselben Urform. Aber die eine Quelle für Krafttier-Botschaften ist der beobachtende und analysierende Verstand und die andere ein echtes Krafttier im direkten Kontakt.

Um Zugang zu den letztgenannten, also den schamanischen Krafttieren, zu erlangen, braucht es Fähigkeiten, die den Verstand übersteigen und ein spezielles Training voraussetzen. Wenn man Krafttiere direkt fragt, erfährt man in der Regel ganz andere Dinge. Später im Praxisteil lernst du, wie das geht.

FREIES ASSOZIIEREN

Eine weitere Möglichkeit, „Krafttier-Botschaften" zu erhalten, ist, zum Aussehen eines Tieres, zum Namen oder zur Lebensweise frei zu assoziieren, was einem dazu einfällt und irgendwie sinnvoll erscheint. Manches ist naheliegend, anderes vielleicht weit hergeholt. Trotzdem ist ein Fünkchen Wahrheit natürlich überall mit drin:

„Ein Seestern hat die Form eines Sterns, also kann er auch ein Leitstern sein ..."
„Eine Schnecke hat ein Haus, also soll man sich aus seinem Schneckenhaus herauswagen ..."
„Ein Wolf heult den Mond an, also geht es darum, sich mit der Menstruation zu beschäftigen ..."
„Ein Zebra hat weiße und schwarze Streifen, also geht es um Schwarz-Weiß-Denken ..."
„Das Faultier sagt, man darf auch mal faul sein ..."

KULTURELLES

MYTHOLOGIE, FABELN, MÄRCHEN, SYMBOLE

In allen **Mythologien** tauchen Tiere auf. Diese spielen dort in der Regel eine besondere Rolle. Zum Beispiel ist das in der nordischen Mythologie das Eichhörnchen Ratatöskr, das im Weltenbaum Yggdrasil die Botschaften überbringt.

Die Schlange ist in der christlichen Mythologie die Verführerin, die die Menschen dazu gebracht hat, ihren Platz im Paradies zu verspielen. Leider haben Schlangen dadurch in der westlichen Welt lange Zeit einen sehr schlechten Ruf gehabt.

In Fabeln bekommen Tiere menschliche Eigenschaften zugeschrieben. Wie zum Beispiel Reineke Fuchs, der eine besondere Schläue besitzt und am Ende der Geschichte als Sieger hervorgeht. Du kennst sicher auch Meister Adebar (Storch), Meister Petz (Bär), Meister Lampe (Hase) und Meister Grimbart (Dachs). Meist geht es in Fabeln darum, eine bestimmte Moral zu vermitteln. So wurden Tiere mit Eigenschaften belegt, die ihnen eventuell aber gar nicht gerecht werden.

Jeder kennt das **Märchen** vom Rotkäppchen. Hier steht der (böse) Wolf für jemanden, dem man besser nicht vertrauen sollte. Das Märchen soll Kindern beibringen, dass man nicht mit Fremden reden und auf dem Weg bleiben soll.

In vielen Kulturen gibt es **Tiere mit spezieller Bedeutung,** wie zum Beispiel die Friedenstaube. Oder die Taube in der biblischen Geschichte von der Sintflut, die einen grünen Zweig zurück zur Arche bringt und damit die Botschaft übermittelt, dass man wieder an Land gehen kann. So ist sie ein Hoffnungsbringer. In China zum Beispiel ist der Drache ein Symbol für Glück. Tiere wurden und werden also weltweit für allerlei Symbolik benutzt.

TOTEM, ASTROLOGIE, ALTER EGO

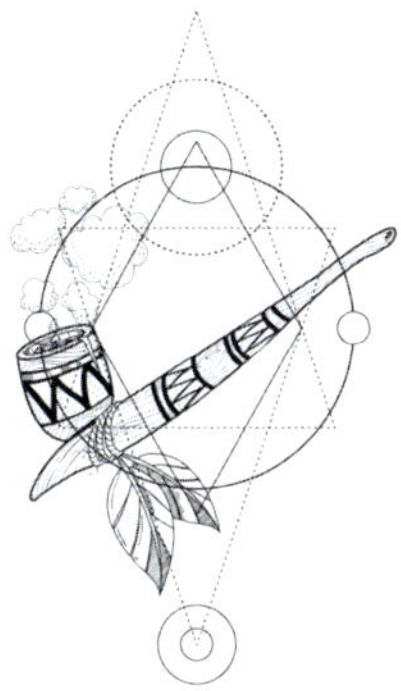  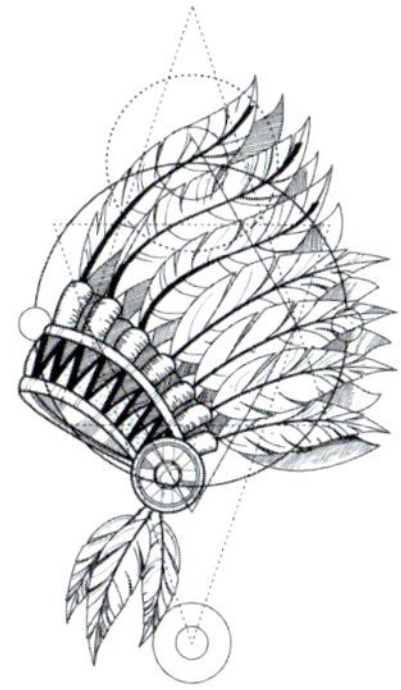

Ein **Totem** ist ein Symbol, das eine Verwandtschaft zu einer Naturerscheinung darstellen soll. So kann jemand ein Träger eines Tiertotems sein. In Nordamerika nennen sich Stammesgruppen, die alle die gleiche Zugehörigkeit haben, dann zum Beispiel Wolf-Clan. Ich vermute, dass es unter anderem durch den Totemismus dazu gekommen ist, dass Menschen nach ihrem Krafttier fragen. Viele wollen wissen: **„Welches ist mein Krafttier?"** Auf Seite 40 komme ich noch mal genauer auf diese Frage zurück.

Es gibt außerdem astrologische Zuschreibungen zu Tieren. In der westlichen Astrologie, aber auch in China und in naturreligiösen Kulturen haben wir **Tierkreiszeichen.** Astrologische Konstellationen werden benutzt, um bestimmte Konstitutionen von Menschen zu beschreiben und um Qualitäten greifbar zu machen, die sich sonst dem Alltag entziehen. So kann jemand im Zeichen des Pumas oder des Schweins geboren sein und quasi dessen Eigenschaften „besitzen".

Aus der Sicht mancher schamanischer Traditionen besitzt ein Schamane oder gar jeder Mensch eine Art **Alter Ego** (anderes Ich) in Tiergestalt. Dieses kann verloren gehen und man kann es wieder zurückholen. Hierfür gibt es dann besondere Rituale. Mir ist dieses Phänomen so noch nicht begegnet, daher bin ich für mich zu dem Schluss gekommen, dass dies eine kulturelle Ansicht ist. Die Krafttiere, mit denen ich mich bisher unterhalten habe, wussten im Prinzip nichts darüber. Aber mir sind immer wieder Menschen begegnet, die der Meinung waren, dass die Ursache für ihre Probleme der Verlust ihres persönlichen Krafttieres wäre. Ich persönlich halte das grundlegend für problematisch, weil man damit die Verantwortung für sein Leben abgibt und auf einen Tiergeist, egal, ob echt oder Projektion, überträgt.

TIERISCHE URKRÄFTE

In manchen Traditionen arbeitet man auch mit archetypischen Kräften, die in Form von Tieren dargestellt werden. Man kennt zum Beispiel aus der Lehre des **Feng Shui** die Tiere, die den Elementen zugeordnet sind (Holz = Drache, Erde = Schlange, Feuer = Phönix, Wasser = Schildkröte, Metall = Tiger). Diese stehen hier für besondere Energiequalitäten, die die entsprechenden Felder in Wohn- und Landschaftsräumen „regieren".

Im südamerikanischen Schamanismus kennt man die vier **Tier-Archetypen,** die für die vier Himmelsrichtungen und ihre Energien stehen (Schlange = Süden, Jaguar = Westen, Kolibri = Norden, Adler/Kondor = Osten). Diese Krafttiere werden angerufen, um einen magischen Schutzkreis beziehungsweise einen heiligen Raum für Rituale und Heilarbeit zu schaffen.

An dieser Stelle hört man auch immer wieder mal die Worte **„kulturelle Aneignung".** Man schaut in anderen Kulturen, was es da so gibt, und übernimmt es einfach. Grundlegend finde ich, dass daran nichts Schlechtes ist, denn wir alle lernen voneinander. Und Kulturen haben sich schon immer vermischt. Aber wenn es zum Beispiel in einer bestimmten (indigenen) Volksgruppe besondere Bräuche mit Tiersymbolen gibt, ist es, denke ich, nicht angebracht, das einfach so zu übernehmen, ohne den tieferen, spirituellen Sinn darin zu kennen und ohne nachgefragt zu haben. Nur weil einem heutzutage alles offen zu stehen scheint, muss man sich noch lange nicht alles einfach so aneignen, oder? Manche diskutieren sogar, ob die Verwendung des Begriffs Krafttier an sich bereits schon kulturelle Aneignung sei. Ich sehe das nicht so. Denn es ist erst mal einfach nur ein Begriff, mit dem man etwas beschreibt, was jedem grundlegend ganz natürlich zugänglich ist.

EIGENE, INNERE ANTEILE

ARCHETYPEN

Archetypen sind **Urbilder der Seele,** die jeder auf einer tiefen Ebene seines Seins in sich trägt. Jeder, der sich tief genug in die eigene Psyche vorwagt, kann ihnen begegnen.

Solche Archetypen tauchen in jeder Mythologie auf. Romane, Filme und Theater haben schon immer auf Archetypen aufgebaut, zum Beispiel in Form von Helden, Schurken, Magiern, Herrschern oder Liebenden.

Mir sind auch Tierarchetypen begegnet. Ich erkläre das damit, dass der menschliche Körper aus dem Tierreich stammt. Irgendwo trägt jeder menschliche Körper die Erinnerung an seine evolutionäre Vergangenheit in sich. So besitzt jeder Mensch auch innere Tierarchetypen, zum Beispiel Bär, Wolf, Jaguar oder Adler, die hier und da auch an die Oberfläche gelangen können. Das kann sich dann zum Beispiel in tiefer Meditation oder in Träumen zeigen.

TRAUMGESTALTEN

Jeder hat bestimmt schon mal von einem Tier geträumt. Tiere können in Träumen eine besondere Botschaft überbringen oder einfach nur eine Art Haupt- oder Nebendarsteller sein. In der Regel ist das eine eigene Traumgestalt, wenn ein Tier im Traum auftaucht. Das eigene **Unterbewusstsein** entwirft sozusagen eine Tiergestalt, die dann im Traumsetting eine Rolle einnimmt.

Im Traum kann aber auch ein **Krafttier im engeren Sinne** auftauchen. Das geschieht relativ selten und hat eine ganz andere Qualität im Vergleich zu einem Tier, das einfach nur der Aufrechterhaltung des Traumsettings dient. Glaube mir, wenn du von einem echten Krafttier im Traum Besuch bekommst, wirst du es wissen. Denn so ein Traum ist viel realer als ein normaler Traum und hat einfach mehr Energie, die du dann spüren kannst. Begegnet dir ein echtes Krafttier im Traum, dann wirst du auch eine Wirkung davon in deinem Alltag wahrnehmen. Denn oft resultiert daraus eine tiefere Erkenntnis oder eine wichtige Inspiration für den weiteren Lebensweg.

TIPP

Träume, in denen ein echtes Krafttier auftaucht, bleiben in der Regel stark in Erinnerung. Oft ist dir dabei bewusst, dass du träumst, und kannst den Traum vielleicht sogar mitsteuern.

BOTSCHAFT VOM UNTERBEWUSSTSEIN

Aus dem eigenen Unbewussten treten immer wieder Botschaften an die Alltagsoberfläche. Die meisten Menschen bekommen das nicht mit, weil sie nicht gelernt haben, diese zu erkennen. Hinzu kommt, dass der Verstand einfach alles verdecken kann, was ihm nicht in den Kram passt. In der Regel sind Menschen zu sehr mit den Alltagsabläufen beschäftigt, als dass sie auch noch solche Botschaften bewusst mitbekommen könnten.

Es kommt aber auch vor, dass in einem besonders zugänglichen Moment das Unterbewusstsein eine Botschaft auftauchen lässt, die dann bewusst wahrgenommen wird. So kann quasi eine Art **Tierbotschaft** auftauchen. Wenn jemand zum Beispiel in eine tiefe Meditation geht oder eine Entspannungsübung macht, kann das passieren. Es kann plötzlich eine Tiergestalt auftauchen, die ein echtes Krafttier oder eine Botschaft vom eigenen Unterbewusstsein in Tiergestalt sein kann.

ANDERE „GEISTER“

AUSSERKÖRPERLICH REISENDE TIERE

Tiere können genauso wie Menschen mit ihrem Bewusstsein außerhalb ihres Körpers sein. Sie sind dann in einem rein **energetischen Körper** unterwegs. Man spricht auch von astral. Bei Menschen passiert das in der Regel nachts, wenn sie schlafen. Sie vergessen es dann aber wieder, wenn sie aufwachen.

Für Tiere ist dieser Vorgang ganz normal und da wird nichts vergessen. Wenn eine Katze sich schlafen legt und träumt, dann kannst du davon ausgehen, dass sie gerade in ihrem energetischen Körper unterwegs ist und ihren „Unfug“ treibt. Es kann sogar sein, dass deine schlafende Katze mit dir spielt und du es nicht mitbekommst, weil dein Gehirn die außerkörperliche Katze aus deiner Realität herausfiltert.

So kann es vorkommen, dass du ein außerkörperlich reisendes Tier im Alltag an deiner Seite hast, das gerade körperlich sein Nickerchen macht. Das ist natürlich besonders dann der Fall, wenn du der Besitzer des Tieres bist und eine enge Beziehung zu ihm hast. So ein außerkörperliches Tier kann dir aber auch nachts im Traum begegnen, oder wenn du selbst außerkörperlich bist, egal, ob du dich daran erinnerst oder nicht. Leider ist bei den meisten Menschen das Gehirn so trainiert, dass es diese Erlebnisse nicht in die Alltagserinnerung mitnimmt.

VERSTORBENE TIERSEELEN

Wenn Tiere sterben, geschieht im Grunde erst mal das Gleiche, wie wenn Menschen sterben. Sie sind mit ihrem **Bewusstsein** immer noch da, aber nicht mehr im physischen Körper zentriert, sondern in einem rein energetischen. Wenn der physische Körper im Tiefschlaf ist, ist es ähnlich. Der Unterschied ist, dass es beim physischen Tod keinen physischen Körper mehr gibt, zu dem man zurückkehren kann. Die Basis, die man sehr lange gewohnt war, ist weg und man muss damit zurechtkommen, dass die neue Basis ein rein energetischer Körper ist. Dieser Energiekörper belebt den physischen Körper. Er ist das Bindeglied zwischen dem biologischen Körper und dem Bewusstsein.

Tiere sind im Leben genauso in ihrem energetischen Körper zu Hause wie im biologischen. Menschen hingegen filtern ihr energetisches Dasein meist aus ihrer Realität heraus. So ist der momentane Standard. Vielleicht wird das irgendwann wieder anders. Ich fände das toll. Denn das würde viele Probleme auf einen Schlag einfach so lösen. **Allein schon die Erkenntnis: Du stirbst nicht, sondern nur dein biologischer Körper.** Die Angst vor dem Tod wäre damit Vergangenheit. Menschen wären wahrscheinlich nicht mehr so gierig und viel weniger materialistisch.

Wenn ein Tier stirbt, ist es also energetisch noch da. Ich hatte mal eine Klientin bei mir in einer Einzelsitzung. Sie kam zu mir, weil sie sich schwertat, ihren vor Monaten verstorbenen Hund loszulassen und nach vorne zu schauen. Dies war zwar ihr Wunsch, aber es war ihr irgendwie nicht möglich. Sie erzählte mir dann, dass bei ihr zu Hause immer noch der Fressnapf, die ganzen Hundespielsachen und die Schlafbettchen des Hundes unverändert ihren Platz hatten. Ich prüfte ihr Anliegen und stellte fest, dass der verstorbene Hund immer noch ganz normal bei der Klientin im Alltag zugegen war.

Er kam morgens zu ihr ins Bett, wenn sie aufwachte, schlief tagsüber in seinem Schlafbettchen und begleitete sie nach draußen, um Gassi zu gehen. Für den Hund war alles wie gewohnt. Für Frauchen nicht, weil sie den Hund nicht mehr bewusst mitbekam. Ich vermittelte zwischen beiden, sodass sie sich austauschen konnten. Wir klärten den Hund auf und ich half ihm, einen Ebenenwechsel zu machen. Als die Klientin dann nach Hause ging, räumte sie sogleich alle Sachen des Hundes weg, bis auf die Fotos, die von ihm an der Wand hingen. Und sie fühlte sich sehr gut damit.

Manche werden eine Zeit lang noch von ihrem verstorbenen Haustier begleitet. Und bis zu einem gewissen Grad könnte man hier auch von einem Krafttier sprechen. Denn das Tier bleibt noch eine Weile bei seinem Besitzer, um ihm Kraft zu geben und zu trösten. Aber irgendwann ist es für beide Zeit, loszulassen, damit jeder seinen Weg für sich weitergehen kann.

GEISTFÜHRER IN TIERGESTALT

Unter dem Begriff Geistführer kann alles Mögliche verstanden werden. **Daher hier auch mein Tipp: Wenn jemand von seinem Geistführer spricht, frage doch mal nach, wer oder was das ist.** Das schafft Bewusstsein und hilft dabei, sich gegenseitig besser verstehen zu können.

Folgendes Phänomen ist mir dabei des Öfteren begegnet:
Eine Seele lebt gerade in einem biologischen Körper auf der Erde in ihrem Alltag (inkarniert). Und eine befreundete Seele oder eine Seele aus der Seelenfamilie tut dies gerade nicht, befindet sich also im Jenseits, ohne biologischen Körper (nicht inkarniert). In der Regel halten sich die nicht inkarnierten Seelen aus dem Leben der inkarnierten Seelen heraus. In manchen Fällen aber haben sich zwei oder mehr Seelen so abgesprochen, dass sie aus dem Jenseits heraus der inkarnierten Seele ab und zu oder zu bestimmten Zeiten oder in bestimmten Situationen im Alltag Hilfestellung geben. Solch einen Helfer kann man dann als Geistführer bezeichnen.

Wenn der Mensch, der von einem solchen Geistführer unterstützt wird, es gerade aus seiner Kultur heraus schwer hat, einen solchen Geistführer anzunehmen, aber es sich gut für ihn anfühlt, von einem Krafttier begleitet zu werden, dann ist es für einen solchen Geistführer kein Problem, sich einfach **in Gestalt eines Tieres** zu zeigen. So kann sein Schützling seine Hilfe besser annehmen. Das kommt ab und zu vor.

HAUSTIERE UND WILDTIERE

Wenn jemand eine **besondere Beziehung** zu einem Haustier oder einem Wildtier hat, kann man auch von einem Krafttier im weiteren Sinne sprechen. Denn es handelt sich dabei um ein Tier und die Beziehung mit ihm schenkt Kraft, im besten Fall beiden.

Es gibt auch das Phänomen, dass echte Krafttiere, also Krafttiere im engeren Sinne, sich Wildtieren bedienen, um eine Botschaft zu übermitteln. Besonders Vögel stellen sich hierfür gerne zur Verfügung.

Stelle dir vor, Krafttier Elefant möchte dir physisch mitten in Deutschland im Wald eine Botschaft übermitteln. Hier laufen jedoch selten Elefanten herum. Also kann er seine Botschaft nicht physisch über einen Elefanten übermitteln. Aber in Deutschland im Wald gibt es viele Vögel, Füchse, Mäuse ... Und so kann Krafttier Elefant seine Botschaft zum Beispiel über eine Krähe oder einen Fuchs übermitteln. Es kann aber auch sein, dass tatsächlich Krafttier Fuchs dahintersteckt. Dies genauer herauszufinden wäre dann Aufgabe des schamanischen Profis.

Ob eine Krafttier-Botschaft hinter dem Verhalten eines Tieres steckt, merkt man zum Beispiel daran, dass ein Tier **sich (wiederholt) sehr auffällig verhält,** sodass man nicht mehr von Zufall sprechen kann.

Zum Beispiel ...

... wurden Menschen **von Vögeln** verfolgt, die sie dann zu einer ganz bestimmten Stelle im Wald führten. Dort fanden sie dann einen besonderen Kraftplatz vor.

... tauchte ein **Fuchs** auf und blickte einem Mann so intensiv in die Augen, dass dieser zu weinen begann. Er konnte dadurch seine alte Traurigkeit einfach so loslassen.

... tauchte bei einer Frau ein **Eichhörnchen** immer wieder im Garten auf und suchte so lange Kontakt, bis sie sich endlich um eine schon seit Langem immer wieder verschobene Aufgabe kümmerte.

... wurde eine andere Person so lange von **Ameisen** aufgesucht, bis sie damit begann, sich auf ihren spirituellen Heilungsweg zu begeben.

... klopfte eine **Krähe** jeden Tag zur gleichen Uhrzeit ans Fenster, so lange, bis eine junge Frau verstand, dass sie mehr Ruhe im Alltag brauchte. Sie begann zu meditieren und die Krähe tauchte dann nicht mehr auf.

Man muss aber auch etwas aufpassen, dass man da nicht zu viel hineininterpretiert. Denn manchmal ist es einfach „nur" ein **Tier mit seltsamem Verhalten.**

SCHAMANISCHE KRAFTTIERE

WER ODER WAS SIND KRAFTTIERE WIRKLICH?

Alle Phänomene, die ich dir bisher beschrieben habe, bezogen sich auf den Begriff Krafttier im weiteren Sinne. Nun möchte ich dir die Krafttiere im engeren Sinne vorstellen. Diese nenne ich schamanische Krafttiere. Denn mit diesen freien, individuellen Tiergeistern kann man wunderbar schamanisch zusammenarbeiten. Für mich sind das die echten Krafttiere. Sie sind wirklich eigenständig handelnde und denkende Geistwesen mit besonderen Kräften und Eigenschaften und man kann sehr viel von ihnen lernen. Mir sind hier zwei verschiedene Phänomene begegnet. Das eine nenne ich Großer Geist einer Tierart und das andere nenne ich Feinstoffliche Tiergeister oder auch Krafttier-Begleiter.

GROSSER GEIST EINER TIERART

Stell dir vor, dass jede Tierart, die es gibt, eine Art „Übergeist“ hat. Wirklich jede Tierart! Ja, auch Regenwürmer und Bärtierchen. Dieser Übergeist trägt die gesammelte, gebündelte Erfahrung und Weisheit, die gesamte Essenz dieser Tierart in sich. Ich nenne so einen Übergeist **Großer Geist einer Tierart.**

Zum Beispiel ist der **Große Geist der Wölfe** die spirituelle Essenz aller Wölfe, die jemals gelebt haben und gerade leben. Stelle dir vor, du könntest dich von so einer Weisheit und Kraft beraten und führen lassen oder mit ihr zusammenarbeiten. Genial, oder?

Immer, wenn irgendwo etwas auftaucht, das mit der Lebensform Wolf zu tun hat, sei es ein Geistführer in Wolfgestalt, eine Botschaft aus dem Unterbewusstsein oder etwas anderes, ist der Große Geist der Wölfe auf irgendeine Weise daran beteiligt.

Ein weiteres Beispiel wäre der **Große Geist der Bären:** Wenn wir davon sprechen, dann geht es um die Essenz des Bärenartigen an sich. Es geht um die ursprüngliche Form des „Bärseins", das alle Bärenarten umfasst. Es gibt aber auch den Großen Geist der Eisbären, der Braunbären, der Waschbären etc. Den Begriff und die biologische Kategorie „Bär" haben sich ja Menschen ausgedacht. Daher hinkt der Vergleich mit diesen Kategorien immer etwas. Aber er hilft, um das Thema besser greifen zu können.

Wenn man bewusst und direkt einen Zugang zum Großen Geist einer bestimmten Tierart herstellt, kann man sich zum Beispiel bei einem Lebensproblem dessen Sichtweise darauf erklären lassen. Mit dieser erweiterten Sicht aus der Weisheit des Großen Geistes kann man neue Lösungswege erkennen und gehen. Von jedem Großen Geist einer Tierart gibt es natürlich eine andere Antwort – in der Regel eine sehr lehrreiche.

TIPP

Wenn man so einen Großen Geist kontaktieren möchte, dann überlegt man sich am besten vorab, wen genau man da erreichen möchte.

- *Ist es der Große Geist der Wale?*
- *Oder geht es um den Großen Geist der Blauwale?*

Der Große Geist der Wale umfasst ***das Walartige im Allgemeinen.*** *Und beim Großen Geist der Blauwale hast du einen spezifischeren Geist, nämlich die spirituelle* ***Essenz aller Blauwale.***
Falsch machen kann man da nichts. Aber je genauer du bist, desto mehr Erkenntnisse kannst du für dich aus der Krafttier-Begegnung gewinnen.

Normalerweise werden Menschen nicht einfach so von diesen Großen Geistern begleitet. Das ist eher selten und kommt im Grunde nur dann vor, wenn der Kontakt intensiv und häufig vonseiten eines Menschen gesucht und aufrechterhalten wird. Dadurch werden starke Verbindungen aufgebaut. Ich habe zum Beispiel engen Kontakt zu Krafttier Adler. Der Große Geist der Adler hat mir geholfen, meine moderne schamanische Arbeitsweise zu entwickeln. Außerdem habe ich eine intensive Resonanz zum Großen Geist der Wale. Er ist ein treuer Begleiter auf meinem eigenen Heilungsweg.

Ein Großer Geist einer Tierart kann darüber hinaus, wenn beide das wollen, einen **feinstofflichen Tiergeist** zu uns in den Alltag senden. Nehmen wir mal an, dass der Große Geist der Bären die Idee hat, dir im Alltag zu helfen. Dann kann es vorkommen, dass er einen feinstofflichen Tiergeist zu dir schickt, der dich dann für eine Weile begleitet. Dann wäre einer deiner Krafttier-Begleiter ein Bär.

FEINSTOFFLICHE TIERGEISTER/KRAFTTIER-BEGLEITER

Feinstoffliche Tiergeister existieren ihr ganzes Dasein lang in einer rein energetischen Form und leben nie in einem biologischen Körper. Diese Art von Tiergeist begleitet uns Menschen sehr gerne, um uns zu helfen, wenn sie kann und darf. Die feinstofflichen Tiergeister nenne ich deshalb auch gerne **Krafttier-Begleiter.** Wenn bei jemandem ein echtes Krafttier einfach so auftaucht, dann handelt es sich in der Regel um solch einen feinstofflichen Tiergeist.

Wichtig ist, zwischen **feinstofflichen Tiergeistern und verstorbenen Tierseelen** zu unterscheiden. Wenn die feinstofflichen Tiergeister nicht als Krafttier-Begleiter bei uns Menschen auftauchen, halten sie sich in der Regel auf einer besonderen Schwingungsebene auf, die ich die *spirituelle Ebene der Tiere* nenne. Dort ist sozusagen ihr Zuhause. Wenn Tiere sterben, dann finden ihre Tierseelen ebenfalls den Weg zu dieser Ebene. Jedoch begleiten verstorbene Tierseelen niemals einen Menschen auf die Art, wie es feinstoffliche Tiergeister tun, sondern bei ihnen geht es darum, Erfahrungen in einem biologischen Tierkörper zu sammeln. Die Ausnahme ist, wenn ein verstorbenes Tier seinen Besitzer noch für ein Weilchen begleitet, damit beide gut Abschied voneinander nehmen können.

TIPP

Jeder Mensch hat hier natürlich eine freie Wahl. Wenn jemand auf keinen Fall von einem feinstofflichen Tiergeist begleitet werden möchte, dann kann er sich ihm zuwenden und das zum Ausdruck bringen. Wie das geht, lernst du später im Buch. Dann wird derjenige nur noch beobachtet, für den Fall, dass er doch irgendwann Hilfe wünscht. Ich habe jedoch noch nie gehört, dass sich jemand von einem Krafttier-Begleiter gestört gefühlt hätte. In der Regel begrüßen Menschen einen solchen liebevollen Helfer. Zu Recht.

Feinstoffliche Tiergeister sind Individuen. So ist zum Beispiel Krafttier Wolf an der Seite eines Menschen nicht derselbe Wolf wie der an der Seite eines anderen Menschen. Es sind dann in der Regel zwei verschiedene feinstoffliche Tiergeister.

Oft haben Menschen **einen ganzen „Zoo“** um sich herum. Manche Tiergeister sind dem Menschen dann sehr nah. In der Regel ist einer besonders nah und im Vordergrund deutlich wahrnehmbar. Und andere halten sich eher im Hintergrund. Und je nachdem, was der Mensch gerade braucht, kann ein anderer Tiergeist dann in den Vordergrund rücken. Manchmal ist das ein ständiges Kommen und Gehen. Manche Tiergeister halten sich wirklich nur ganz am Rande und eher in der Beobachterposition auf. Diese Tiergeister bekommen die meisten Menschen erst mal gar nicht mit.

GROSSER GEIST DER WÖLFE:
vereint alles Wolfhafte in sich, entsendet Krafttier-Begleiter zu den Menschen

KRAFTTIER-BEGLEITER WOLF:
alle Krafttiere Wolf, die Menschen begleiten, individuell unterschiedlich

WARUM BEGLEITEN UNS KRAFTTIERE?

So ziemlich jeder Mensch wird meiner Erfahrung nach von **mindestens einem Krafttier** begleitet. Es ist mir bisher erst ein Mensch untergekommen, bei dem kein Krafttier auffindbar war. Bei dieser Person waren dafür aber allerlei Pflanzengeister zugegen.

Trotzdem soll es wohl öfter vorkommen, dass Krafttiere Menschen meiden. Das ist immer dann der Fall, wenn Menschen sich der Natur gegenüber ganz bewusst schädlich und ausbeuterisch verhalten. Außerdem ist das der Fall, wenn ein Mensch auf die Idee kommt, Krafttiere für eigene Zwecke zu missbrauchen, oder wenn jemand mit Energiearbeit anderen bewusst schaden möchte. Krafttiere sind sehr liebevoll und verzeihend, aber auch sie haben ihre Grenzen, wen oder was sie unterstützen wollen und wen oder was nicht.

In der Welt der Krafttiere spricht sich auch herum, wer wie drauf ist. Seitdem ich zum Beispiel Krafttieren die Möglichkeit gebe, über meinen YouTube-Kanal zu wirken, melden sich ständig welche bei mir, um mich zu inspirieren, auch über sie ein Video zu drehen, damit auch sie zu Wort kommen und von den Menschen mehr gehört werden können.

Immer, wenn ich ein Krafttier danach gefragt habe, warum sie uns Menschen begleiten und helfen, kam eine ähnliche Antwort dabei heraus:

„Wir sehen es so, dass die Menschen vergessen haben, wer sie sind. Sie haben sich von ihrem eigenen Selbst abgespalten und verhalten sich entsprechend gespalten nach außen hin zum gesamten Planeten Erde mit all seinen Geschöpfen. Das verursacht viel Schaden und viel Leid. Daher müssen die Menschen an ihre wahre Natur erinnert werden, damit sie aufhören, sich selbst und der Erde zu schaden. Und wenn wir ihnen dabei helfen können, dann helfen wir."

ZUR FRAGE: „HABE ICH EIN KRAFTTIER?“

Ich wurde im Laufe der Jahre immer wieder gefragt:

„Habe ich ein Krafttier?“
beziehungsweise
„Welches Krafttier habe ich?“

Diese Fragen konnte ich jedoch so noch nie wirklich beantworten.
Denn sie müssten meiner Ansicht nach korrekt so lauten:

„Begleitet mich zurzeit ein Krafttier?“
beziehungsweise
„Welches Krafttier begleitet mich zurzeit?“

Ein Krafttier kann man nicht besitzen, aber eine Beziehung zu ihm haben. In manchen Fällen können Krafttiere ein Spiegel für einen selbst sein. Das kann dann so wirken, als ob das Krafttier zu einem selbst gehört. Das ist möglich, aber nicht die Regel.

Ungenau gefragt:

Habe ich ein Krafttier?

Welches Krafttier habe ich?

→

Passender gefragt:

Welches Krafttier begleitet mich zurzeit?

Begleitet mich zurzeit ein Krafttier?

Diverse Krafttiere haben es mir immer wieder so erklärt:

„Krafttiere sind freie Geister. Man kann sie nicht besitzen. Sie wählen selbst aus, wen sie begleiten, und verlassen einen Menschen, wenn sie das für richtig halten. Manche Menschen werden von der Kindheit an von einem Krafttier begleitet. Andere nicht.

Mit Krafttieren ist es wie mit Freundschaften unter Menschen. So wie man Freunde finden und verlieren kann und man Freundschaften pflegen kann oder nicht, kannst du es dir auch mit Krafttieren vorstellen.

Manchmal findet ein Krafttier einen Menschen interessant und entschließt sich, diesem zu helfen. Und wenn es nicht mehr helfen möchte oder kann oder einfach nicht mehr gebraucht wird, verlässt es den Menschen wieder. Wenn der Mensch das Krafttier aber bemerkt und die Freundschaftsanfrage erwidert und bereit ist, die Freundschaft zu pflegen, dann kann aus dem Krafttier auch ein lebenslanger Begleiter werden."

Ich habe unter den Krafttieren **so manchen Freund** gefunden. Ich habe auch ein Team von Krafttieren an meiner Seite, das mich bei schamanischen Heilarbeiten unterstützt. Es ist ein Hin und Her zwischen uns, ein Geben und Nehmen. Und ab und zu kommt jemand Neues mit dazu. Und so manches Krafttier hat mich auch wieder verlassen, weil unsere gemeinsame Zeit verstrichen war. Es gibt sogar Krafttiere, die einen immer wiederfinden, auch wenn man in einem neuen Körper steckt, also wiedergeboren wurde. Genial, oder?

WIE KRAFTTIERE UNS IM ALLTAG HELFEN

Hat ein Mensch einen Krafttier-Begleiter, wird sich dieser immer wieder mal im Alltag melden. Er meldet sich zunächst auf geistiger Ebene. Hier sind Menschen aber standardmäßig schwer erreichbar, da der Geist ständig mit irgendetwas angefüllt und beschäftigt ist. Wird er hier nicht gehört, versucht er es über physische Tiere oder über andere kleine Botschaften, die im Alltag aufblitzen. Er meldet sich also, indem er die physische Welt etwas mitlenkt. Das ist aber viel aufwendiger, als sich über den Geist zu melden, da dafür viel mehr Energie benötigt wird.

Wenn auch das nicht bemerkt wird, dann bleibt er einfach da und wirkt **rein mit seiner Präsenz**, so gut er kann. Das kann sich zum Beispiel darin zeigen, dass man mehr Urvertrauen hat, sich mutiger fühlt oder mit mehr Leichtigkeit durch den Alltag schreiten kann. Manchmal lässt so ein Krafttier auch einfach etwas geschehen, das uns im Alltag weiterhilft, zum Beispiel dass man zum richtigen Zeitpunkt die richtigen Leute trifft oder dass man eine Zusage für etwas bekommt.

KRAFTTIERE ALS HELFER BEI DER SCHAMANISCHEN HEILARBEIT

Krafttier-Begleiter sind fantastische Helfer bei der schamanischen Geistheilung. Sie kennen sich mit Menschen gut aus, mit der Komplexität des menschlichen Geistes und ihrem Energiesystem, können auf diesen inneren Ebenen gut navigieren und sind uns Menschen von der Energie her auch sehr nah.

Wenn man mit einem **Krafttier-Team** schamanisch zusammenarbeitet, hat man auf der Ebene des Geistes, auf der Ebene des feinstofflichen Energiesystems, bei hellsichtigen Tätigkeiten, auf anderen Ebenen und bei alltäglichen Entscheidungen eine super Unterstützung.

Anfängern nehmen sie sehr gerne **schamanische Routinearbeiten** ab, wie zum Beispiel Raumreinigungen oder Extraktionen. Bei einer schamanischen Extraktion werden alte, unbrauchbare Energien entfernt, damit die Lebensenergie sich wieder frei bewegen kann. Je fortgeschrittener man hier jedoch wird, umso eher ziehen sich die Krafttiere zurück und lassen einen selbst machen. Sehr oft habe ich dann auch mal den Hinweis bekommen, dass ich selber herausfinden soll, wie etwas geht, damit ich weiterwachse und lerne. Also wenn du mal keine Hilfe von einem Krafttier bekommst, kann das der freundliche Hinweis des Krafttieres sein, dass du es auch selber hinbekommen kannst. Das ist dann so etwas wie ein Kompliment an dich.

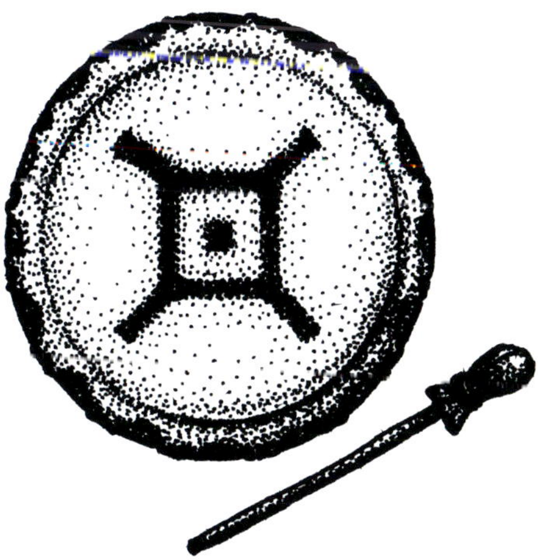

WAS TUN, WENN EIN KRAFTTIER AUFTAUCHT?

Wenn auf irgendeine Art und Weise das Phänomen Krafttier in deinem Leben auftaucht, dann wäre mein erster Tipp, dass du prüfst, um was es sich genau dabei handelt. Du kannst natürlich nur so weit prüfen, wie deine Fähigkeiten reichen. Aber wenn du weißt, womit du es zu tun hast, kannst du bewusster damit umgehen.

Manchmal ist es vielleicht aber auch total egal, um welche „Krafttier-Kategorie" es sich genau handelt. Nämlich dann, wenn es nur darum geht, dir eine wichtige Botschaft für deinen Lebensweg zu übermitteln. Ob das aus einem Buch, von einer Krähe auf deinem Balkon, einem inneren Krafttierarchetyp oder einem Großen Geist einer Tierart stammt, ist dann erst mal egal.

Wenn es **rein um die Bedeutung** geht, du also nicht weiter mit dem entsprechenden Krafttier interagieren möchtest, hast du mehrere Optionen:

1. Schau in dieses Buch hinten bei den Krafttier-Portraits ab Seite 96.
2. Nutze das Internet (zum Beispiel YouTube).
3. Schau in ein Krafttier-Orakelkarten-Set.
4. Meditiere und schau, ob sich dir dadurch die Bedeutung spontan erschließt.
5. Denke über das nach, was du erlebt hast. Vielleicht kommt dadurch ein Geistesblitz.
6. Greife auf deine Erfahrung zurück.
7. Frage einen Profi, der sich auskennt.
8. **Wenn es dir um mehr geht, dann frage das echte Krafttier selbst – ganz direkt!**

Der letzte Punkt ist der, der dich wirklich frei macht. Du brauchst dann nicht mehr zu glauben, sondern kannst direkt an die Quelle gehen und selbst das Wissen schaffen. Und wenn du genug Erfahrungen gesammelt hast, bekommst du damit auch ein gesundes Selbstvertrauen.
Wie das geht, lernst du zusammen mit vielen wichtigen schamanischen Grundlagen im folgenden Kapitel.

KRAFTTIERE SELBST ENTDECKEN

Eine praktische Einführung

Für deine **praktische Krafttierarbeit** brauchst du zuerst einige schamanische Grundlagenfähigkeiten. Ich habe dir die wichtigsten Grundlagen sowie Vorübungen und hilfreiche Denkanstöße in den folgenden Kapiteln zusammengetragen.

Anschließend kommen wir so richtig ins praktische Tun und du findest heraus, wie du mithilfe von angewandten Übungen **Krafttiere selbst entdecken und dich bewusst mit ihnen austauschen** kannst.

CRASHKURS: SCHAMANISCHE GRUNDLAGENFÄHIGKEITEN

Die weitere schamanische Arbeit kann vor allem dann so richtig an Fahrt aufnehmen, wenn man zunächst grundlegende Fähigkeiten Schritt für Schritt trainiert.

TIPPS

- *Versuche, bei den schamanischen Übungen mögliche Selbstzweifel auszublenden. Ich weiß, wir Menschen sind in der modernen Gesellschaft leistungsorientiert ausgerichtet, aber so eine Vorgehensweise ist bei einem schamanischen Training eher hinderlich.*
- *Mache dir bewusst: Wenn Ergebnisse nicht wie gewünscht kommen, dann hast du einfach noch nicht genug geübt. Es liegt dann nicht an dir. Sondern daran, dass du noch nicht genug geübt hast. Also übe einfach immer weiter.*
- *Nimm die Übungen ernst, aber nicht zu wichtig. Übe regelmäßig und schenke der Sache Zeit und Raum, damit sich etwas entfalten kann. Bleib dabei entspannt. Schritt für Schritt und regelmäßig. Alles weitere folgt dann wie von selbst.*

AUSSERSINNLICHE WAHRNEHMUNG (ASW)

Bei der ASW geht es darum, das Wissen, wie etwas Nichtmaterielles ist, in die Realität des Alltags zu transportieren. So können wir zum Beispiel Krafttiere für uns greifbar(er) machen. Denn bei dem Thema bewegen wir uns auf einem Terrain, das nicht alltäglich ist. Man kann schließlich nicht hingehen und ein Krafttier in den Raum stellen und dann fassen es alle an und jeder merkt, dass es ein weiches Fell hat. Man muss daher zunächst seine eigenen außersinnlichen Fähigkeiten sehr gut trainieren. Dann erfahren wir weitaus mehr, als wir zu wissen glauben ...

Exkurs

Echtes Wissen ist immer unmittelbar da. Wir wissen immer, wie alles ist. Immer. Aber dieses Wissen, wie alles **wirklich** ist, findet nicht immer den Zugang ins Alltagsbewusstsein. Wenn es geschieht, nennen wir das Intuition. Aus dem Wissen wird dann eine Information erstellt, die das Alltagsbewusstsein verarbeiten und in seine Realität integrieren kann. In der Regel wird dieses Wissen aber von all den Informationen überdeckt, die das Alltags-Ich ein Leben lang bereits angesammelt hat. Dieses glaubt immer nur zu wissen. Wissen ist keine Information.

Das, was wir im Alltag als Wissen oder Nichtwissen bezeichnen, ist im Grunde nur „eine Information glauben“ oder „eine Information nicht glauben“. Das Alltags-Ich ist ein Informationen-Sammler und -Verwalter. Und aus diesen Informationen baut es seine alltägliche Realität auf. Echtes Wissen entstammt immer der unmittelbaren Erfahrung dessen, was **jetzt** gerade **da** ist. Alles andere ist Information, die geglaubt oder dementiert, die angesammelt, analysiert, verglichen und bewertet werden kann.

Ein wichtiger Schlüssel, um einen Zugang zu außersinnlicher Wahrnehmung zu finden, ist, dass der Verstand es einigermaßen gut nachvollziehen kann. Ist der Verstand mit im Boot, läuft es gleich viel besser. Nimm dir also etwas Zeit, lies dir den Text auf dieser Seite ruhig öfter durch und denk dich hinein. Aufgepasst, lieber Verstand, hier kommen einige Erklärungen für dich ...

ASW ist nicht die Wahrnehmung über deine körperlichen Sinnesorgane, sondern die Wahrnehmung **direkt mit deinem Bewusstsein.** Es geht dabei darum, intuitiv zu wissen, wie es ist, und dies dann in die eigene Realität zu transportieren. Wahrnehmung ist immer nur eine Beschreibung der Wirklichkeit. Sie ist nie die Wirklichkeit selbst. Das, was wir wahrnehmen beziehungsweise beschreiben, wird für uns real. Ich unterscheide hier mit den Begriffen **Wirklichkeit** und **Realität:**

Wirklichkeit ist, wie es einfach ist. Sie braucht niemanden, der sie beschreibt, damit sie existiert. Wirklichkeit ist reine Existenz.

Realität entsteht, wenn jemand die Wirklichkeit beschreibt. Das, was wir im Alltag Wahrnehmung nennen, ist diese Beschreibung. So lebt im Prinzip jeder Mensch in seiner eigenen Realität, aber alle in der gleichen Wirklichkeit.

Exkurs

Wahrnehmung ist nichts Objektives, sondern immer etwas Subjektives. Das bedeutet, dass wir mit dem Akt der Wahrnehmung unsere Realität selbst erzeugen. Von klein auf lernen wir von den anderen in unserer Umgebung, die Welt so zu beschreiben, wie sie sie erleben. Wir lernen ihre Konstrukte und Begriffe, um die Wirklichkeit zu analysieren, einzuteilen und zu bewerten. Das Ganze dient natürlich in erster Linie dem Überleben. So hat es die biologische Evolution vorgegeben. Wir übernehmen die Realität, die uns vorgelebt wird, und fügen im Laufe der Zeit individuelle Schichten hinzu.

In diesem **jahrelangen Trainingsprozess** wird uns ganz nebenbei beigebracht, was real ist und was nicht, wie wir auf etwas reagieren sollen und wie nicht. Wir lernen, wie wir über die Welt denken sollen. Uns wird beigebracht, was normal ist und was nicht. So übernehmen wir die Wirklichkeitsbeschreibung von unseren Eltern und der Kultur, in die wir hineingeboren werden. Ob es da zum Beispiel einen strafenden Gott gibt, der einen ständig beobachtet und bewertet, und man sich daher immer schuldig, klein und falsch zu fühlen hat oder ob wir uns vom unendlichen Universum unterstützt und geliebt fühlen, weil es will, dass wir unser wahres Selbst frei und kreativ entfalten, hängt davon ab, wie unsere Wahrnehmung, das heißt **Wirklichkeitsbeschreibung,** „programmiert" bzw. trainiert wird.

Natürlich können wir das im Laufe unseres Lebens ändern. Aber das Grundtraining in unserer Kindheit spielt doch eine beachtlich große Rolle. Denn das ganze Nervensystem wird hier grundlegend ausgerichtet, gefestigt und immer wieder bestätigt. Wenn ein Mensch zum Beispiel 30 Jahre seines Lebens gewohnt ist, dass die Realität nur aus fester Materie besteht und nur real ist, was man mit dem physischen Körper sehen und anfassen kann, dann ist das schon eine starke Konditionierung. Und wenn alle um einen herum immer wieder bestätigen, dass es so ist, und Abweichungen davon mit Angst und Unsicherheiten belegt sind, dann ist das natürlich äußerst stark fixiert.

Das Tolle daran ist aber, dass wir dieses Grundtraining aus der Kindheit heute nutzen können, um auch Phänomene wahrzunehmen, die nicht materiell sind, wie zum Beispiel Krafttier-Begleiter, anstatt noch mal von vorne zu beginnen und ASW von Grund auf zu lernen. Wir können die Wirklichkeitsbeschreibung nutzen, die wir seit der Geburt und jahrelang geübt und verinnerlicht haben und gewohnt sind, diese aber einfach etwas zugunsten der schamanischen Übungen mit Krafttieren erweitern.

Ein Beispiel dazu:
Jeder, der mit den Augen sehen kann oder konnte, weiß, wie eine Katze aussieht. Die meisten haben auch schon mal eine Katze berührt und gehört, wie sie schnurrt und miaut. Wenn du nun **Krafttier Katze** begegnest, dann kannst du das nutzen, um es für dich real zu machen, es also in deine Realität zu bringen. Krafttier Katze taucht dadurch natürlich nicht materiell bei dir auf, denn ein solches Krafttier ist nicht materiell. Es meldet sich in der Regel außerhalb des Radars deiner physischen Sinne. Und du kannst es auch nur darüber kontaktieren.

Du kannst Krafttier Katze aber mit deinem Bewusstsein bemerken und mit der Wirklichkeitsbeschreibung von „Katze aus dem Alltag" für dich greifbar machen. **So wird etwas Nichtgreifbares sehr real für dich.** Es braucht natürlich Übung, bis das normal für dich wird, aber grundlegend kannst du das bereits. Du musst dir diesen Prozess nur bewusst machen und ihm immer und immer wieder aktiv folgen. Das bedeutet, wie schon erwähnt, nicht, dass Krafttier Katze dann irgendwann materiell für dich wird, aber dein Training wird dazu führen, dass Krafttier Katze für dich immer realer wird. Und irgendwann ist es ganz normal, dass du dich mit Krafttieren unterhältst, so als würdest du mit deiner Nachbarin plaudern.

Ist das dann nur Einbildung? Wenn du dir nur einbildest, mit Krafttier Katze in Kontakt zu sein, dann bist du nicht wirklich mit Krafttier Katze in Kontakt. Wenn du aber einen echten Kontakt mit Krafttier Katze hast und du deine Wirklichkeitsbeschreibung aus dem Alltag nutzt, um es für dich greifbar zu machen, dann ist das nicht nur Einbildung. Du hast dir dann ein Bild gemacht von dem, was tatsächlich nichtmateriell da ist, nämlich Krafttier Katze. Du hast es für dich real gemacht, um mit ihm zu interagieren.

LERNE DEIN ASW-NATURELL KENNEN

Es hat eine ganze Weile gedauert, bis ich erkannt hatte, dass es **unterschiedliche ASW-Typen** gibt. Das bedeutet, dass es manche Menschen zu Beginn leichter haben, sich visuell, auditiv oder spürend ein Bild von einem außersinnlichen Phänomen zu machen. Mit „sich ein Bild machen" meine ich hier: **Nichtgreifbares mit einer alltäglichen Wirklichkeitsbeschreibung in die eigene greifbare Realität bringen.**

Wer es also leichter hat, über sein Gespür ein Krafttier zu beschreiben, sollte es darüber auch tun. Wer eher visuell oder auditiv veranlagt ist, sollte besser einen dieser Wege nutzen. Ich bin ein Fan davon, seinen Stärken nachzugehen, anstatt sich mit anderen zu vergleichen und jemand sein zu wollen, der man gerade oder grundsätzlich nicht ist.

Wenn du also auditiv veranlagt bist, ist es Quatsch, ein Krafttier unbedingt über visuelle Eindrücke zu beschreiben. Es ist dann viel leichter und am Ende auch zielführender, wenn du einfach spontan Worte findest, um das Krafttier für dich greifbar zu machen. Es kann auch hilfreich sein, wenn du es laut aussprichst oder sogar jemand anderes zuhört. Damit wird es noch realer für dich.

Auditiv Veranlagte (Hörende) können gut in Worte fassen und/oder in sich hineinhören und wissen dann spontan zum Beispiel, was ein Krafttier-Begleiter gerade mitteilen möchte.

Visuell Veranlagte (Sehende) können sich etwas gut vorstellen und/oder sich innerlich anschauen, wie es ist. Sie nutzen dann eher innere Visionen, um mit Krafttieren zu interagieren.

Spürend Veranlagte können sich gut einspüren und wissen, wie es sich anfühlt, oder es innerlich „ertasten". Der physische Körper hat seinen eigenen Zugang zu ASW. Spürende sollten daher auch den Wahrnehmungen ihres Körpers vertrauen.

TIPP

Oft steht ein solches Naturell im Vordergrund. Es gibt aber auch Mischtypen, die irgendwo zwischendrin sind oder alles gleich gut können. Es geht hier nicht darum, sich festzulegen, sondern sich kennenzulernen. Und schließlich geht es darum, darüber hinauszugehen, indem man einfach weiß, wie es ist. Das kommt dann durch jahrelange Übung ganz von alleine.

Wenn ich das mit den ASW-Typen in meinen Ausbildungen erkläre, macht sich oft eine Erleichterung bei den Teilnehmenden breit. Denn sie verstehen dann, dass, wenn es ihnen bisher schwergefallen war, Krafttiere wahrzunehmen, es nicht an ihnen lag, sondern daran, dass sie einfach noch nicht ihrem Naturell gefolgt sind. Die meisten Angebote im Bereich der Esoterik sind auf visuell veranlagte Menschen ausgerichtet. Viele wollen unbedingt etwas „sehen". Aber wer nicht visuell veranlagt ist, hat es dann schwer.

TIPP

Auch beim Lernen kennt man es bereits, dass es verschiedene Lerntypen gibt. Bei ASW ist das ähnlich.

Ein sehr wichtiger Punkt ist also die Anerkennung der eigenen Veranlagung:

- **Ein auditiv Veranlagter** kann zunächst Worte finden. Stellt er sich das vor, was er mit den Worten beschrieben hat, und fühlt sich ein, hat er das gesamte Bild.
- **Ein visuell Veranlagter** hat Bilder im Geist. Wenn er sich einspürt und das Bild mit Worten beschreibt, hat er ebenfalls den Gesamteindruck.
- **Die Spürenden** sind eher in der Minderheit. Sie können sich einspüren und sich daraus vorstellen, wie es aussieht, was sie spüren, oder auch Worte dafür finden.

So macht man sich das Nichtgreifbare in einem aktiven Beschreibungsprozess greifbar.

Nun können wir trainieren, Krafttiere, die nichtmateriell sind und nur mit dem Bewusstsein an sich kontaktiert werden können, mithilfe der Beschreibungen aus dem Alltag in unsere Realität zu bringen, damit wir mit ihnen bewusst interagieren können. ASW klappt jedoch nur dann, wenn du auch ein echtes außersinnliches Phänomen zur Verfügung hast, um deine Wirklichkeitsbeschreibung darauf anzuwenden. Ansonsten bleibt es reine Fantasie in deinem Geist.

ÜBUNG

ASW-VORÜBUNG

Bei dieser Übung lernst du, ein außersinnliches Phänomen mit deinen Alltagsbegriffen in deine Realität zu bringen. Sie ist ein super Vortraining. Darüber findest du auch nach und nach heraus, was dein ASW-Naturell ist.

Wir üben hier zunächst an etwas, das sehr alltäglich ist: **Die atmosphärische Stimmung/die Energie des Raumes,** in dem du gerade bist. Das ist etwas Außersinnliches und dennoch sehr Alltägliches. Du kannst natürlich auch an anderen Orten wie beispielsweise draußen im Wald üben.

1. Schließe deine Augen und beruhige deinen Geist.
2. Richte deine innere Aufmerksamkeit nun auf den Raum, in dem du bist.
3. Frage dich, wie die Stimmung in diesem Raum ist, und finde spontan, ohne zu denken, eine Antwort.
   - Kommt dir spontan ein visueller Eindruck/ein Bild ins Bewusstsein?
   - Oder fallen dir spontan Worte dazu ein?
   - Oder spürst du, wie es dem Raum geht/womit er angefüllt ist? Hast du Körperempfindungen dazu?
4. Probiere, die Antwort nicht zu erdenken, sondern wisse es mit deinem Bewusstsein und bringe es in deine Realität, indem du beschreibst, wie es ist, so gut du kannst.

TIPP

Du kannst vorab gerne auch eine Weile meditieren, um in deinem Geist Raum für diese Eindrücke zu schaffen.

MEDITATION UND TRANCE

Die Kommunikation mit Krafttieren läuft über deinen **inneren Bewusstseinsraum – über deinen Geist.** Wenn dieser angefüllt ist mit allerlei Alltagsdingen, vergangenen, gegenwärtigen und zukünftigen, dann wird der Kontaktversuch eines Krafttieres nicht auf fruchtbaren Boden fallen. Stell dir vor, ein Krafttier kommt zu dir und spricht in deinen Geist hinein. Du bist aber gerade damit beschäftigt, zu planen, wann du heute deine Kinder von der Schule abholst, wie und wann du dein neues berufliches Projekt umsetzt und was du heute Abend anziehen wirst, wenn deine Eltern zu Besuch kommen. Und eigentlich bist du gerade dabei, einzuparken, weil du bei der Post noch ein Paket abholen möchtest, dein Handy klingelt und ein Passant lächelt dir zu … Da kann ein Krafttier noch so intensiv versuchen, mit dir in Kontakt zu treten, es wird nicht zu dir durchdringen.

Umgekehrt, wenn du ein Krafttier kontaktieren möchtest und dein Geist angefüllt ist mit allerlei Dingen, dann wirst du deine Absicht nicht klar genug ausrichten können, deine Trance wird nicht stark genug sein und du wirst nicht genug Energie für die außersinnliche Wahrnehmung haben. Und selbst wenn deine Trance dann stabil genug wäre, kann es sein, dass du das Krafttier nicht wahrnehmen kannst, weil in deinem Geist nicht genug Raum dafür ist. Also braucht es zuallererst einen leeren Geist beziehungsweise die Fähigkeit, deinen Geist (am Anfang nur etwas) zu leeren, bevor du ein Krafttier kontaktierst. Der Weg dahin führt über **Meditation.**

MEDITATION

Meditation ist, kurz gesagt, Dasitzen, ohne etwas zu tun und ohne etwas damit zu beabsichtigen. Einfach nur da sein und nichts tun, weder innerlich, noch äußerlich. Vielen von uns fällt es sehr schwer, nichts zu tun, und noch viel schwerer fällt es, nichts zu tun, ohne damit etwas zu beabsichtigen. Daher meditieren die meisten Menschen auch nicht. „Was soll das auch bringen? Von nichts kommt nichts!", sagt da der Verstand. „Außerdem gibt es noch einiges zu tun." Und aus seiner eingeschränkten Sicht hat er wohl auch recht. „Man muss ja schließlich Leistung erbringen, um etwas zu erreichen im Leben ..." Ja, so sind wir erzogen worden.

Meditieren wir jedoch regelmäßig, entdecken wir nach und nach **unser wahres Sein.** Denn hinter all den Gedanken und Wirklichkeitsbeschreibungen, die wir uns antrainiert haben, ist der, der die Welt einfach nur beobachtet, der, der einfach nur da ist. Das ist dein Selbst – zufrieden, glücklich, liebevoll und friedlich. Meditation gibt dem wahren Selbst einen Raum in deinem Geist, damit du dich im Alltag daran erinnern kannst.

Vielen fällt das am Anfang schwer. Daher sind die meisten Techniken, um in Meditation zu kommen, so gestaltet, dass man die Aufmerksamkeit monoton auf eine Sache richtet. So lernt man, erst mal ganz und gar bei einer Sache zu sein, damit das ständige Hin- und Herhüpfen des Geistes endet und er zur Ruhe kommen kann. Im Grunde ist das eine Art Trance-Technik, weil der Fokus auf etwas eingeengt wird. Es geht jedoch dabei nicht um die Sache, sondern darum, dass der Geist zur Ruhe kommt, dass er in die Wirklichkeit kommt, in den unendlichen Augenblick. Da, wo alles ist, wie es ist. Ganz traditionell wird der Atem beobachtet, ein Satz oder ein Wort wiederholt oder ein Gegenstand betrachtet.

Meditation und Trance gehören zusammen. Sie sind wie Yin und Yang. Der Unterschied zwischen beidem ist meiner Ansicht nach:

- **Bei der Meditations-Technik** geht es darum, **den Geist zu beruhigen.** Der Beobachter wird nach und nach eins mit dem Beobachteten. Man kommt damit ins absolute Nichttun (= Sein).
- **Bei der Trance-Technik** wird die **Aufmerksamkeit gezielt gelenkt,** man fokussiert sich auf etwas Bestimmtes und hält die volle Aufmerksamkeit darauf gerichtet.

TRANCE

Eine Trance ist der Zustand, wenn sich das **Bewusstsein einschränkt bzw. auf etwas selektiv fokussiert.** Das bedeutet, wenn du deine Aufmerksamkeit intensiv auf etwas ausrichtest, dann hast du eine starke Trance aufgebaut. Eine Trance ist wie ein Trichter für das Bewusstsein. Er wird immer enger und enger und dadurch wird die Aufmerksamkeit immer fokussierter. Die Aufmerksamkeit wird gebündelt und alles andere, was nicht direkt am Ende des Trichters ist, wird ausgeblendet. Trance ist in gewisser Hinsicht das Gegenstück zur Meditation.

Du kannst dir den Unterschied auch mit diesem Beispiel ganz gut verdeutlichen:

- Wenn du mit deinem Blick intensiv einen Punkt an der Wand fixierst, ist das eine **Trance.** Nur der Punkt ist dann wichtig und alles andere wird ausgeblendet.
- Wenn du nichts fixierst, sondern deine Aufmerksamkeit auf das gesamte Sichtfeld gleichzeitig richtest, ist das **Meditation.** Alles darf sein, so wie es ist.

Aus der Meditation heraus in eine bewusste, gezielte Trance hineinzugehen ist so, als würde man erst mal alles ausschalten, um dann von null ausgehend mit etwas ganz Neuem zu beginnen. Würde man dies nicht tun, wäre es so, als wäre ein Blatt Papier schon ganz vollgemalt, und man würde dann versuchen, ein neues Motiv darauf zu zeichnen. Daher, wenn wir etwas bewusst und gezielt zeichnen wollen, machen wir das am besten auf einem weißen Blatt Papier.
Also ist die Reihenfolge: erst Meditation, dann Trance-Technik.

Exkurs

Dein ganzer Alltag ist voller wechselnder, unbewusster, halb bewusster und bewusster Trance-Zustände. Und die stärkste Trance von allen ist **dein Ich.** Wir kommen auf diese Welt und vergessen, wer wir sind. Zudem wird uns dann beigebracht, wer wir zu sein haben. Es wird uns gezeigt, dass wir der Körper sind und uns mit einem Namen identifizieren sollen. Das hat natürlich ganz praktische Gründe, vor allem, um in der Gesellschaft zu funktionieren. Dann wird uns durch Sprache vermittelt, dass wir ein Ich sind. Auf Latein bzw. Griechisch: Ego.

„Ich" ist der **allererste Gedanke,** den wir in dieser Welt eigenständig denken. Von ihm geht alles Weitere aus. Dieser Gedanke ist die erste richtige Trance, die wir hier einnehmen. „Ich" ist ein immens starker Fokus, eine starke Einschränkung auf einen ganz bestimmten Standpunkt, nämlich den, den wir *Ich-Perspektive* nennen. Den Rest des Lebens sind die meisten Menschen darauf fixiert. Das ist sehr gut, um in der Gesellschaft zu funktionieren und sich zu behaupten und etwas zu erreichen.

Mit dem Gedanken „Ich" entsteht aber auch eine Art **Zweiteilung des Seins (Dualität):** Das wahre Selbst ist das Gesamtwerk, eine große Einheit, alles ist mit allem verbunden, in Fülle, Harmonie und Glückseligkeit. Mit dem Ich erschafft sich das Selbst die Illusion des Getrenntseins von allem. Denn wenn es ein Ich gibt, gibt es auch alles andere, ein Du, ein Wir, ein Objekt und ein Subjekt, welches das Objekt beobachten kann. So erfährt das göttliche Selbst sich selbst aus der Trennung heraus. Eine wundervolle Sache.

Aber hier beginnt auch das grundlegende **menschliche Dilemma:** Mit dem Gedanken „Ich" ist die Illusion der Trennung von Allem-Was-Ist entstanden. Das Ich sehnt sich gleichzeitig nach der verlorenen Verbundenheit. Da es sich selbst nicht sterben lassen möchte, was dazu führen würde, dass wieder Verbundenheit hergestellt wäre, sucht es in allem anderen nach dieser Verbundenheit.

Hier kann es aber nur zeitweise und immer nur teilweise befriedigend Verbundenheit finden, denn die wahre Verbundenheit wäre letztlich vorhanden, wenn das Ich sich selbst aufgeben würde. Damit verlöre aber der Mensch seine Funktionstüchtigkeit in der Gesellschaft. (Daher brauchen Erleuchtete auch jemanden, der sich um sie kümmert, zumindest so lange, bis sie das Spiel des Alltags wieder erlernt haben.) Das Ich dreht sich im Kreis und schafft sich **Leiden und Schmerz.** Es sucht in allem anderen das, was es selbst verhindert.

Dein Ich ist nicht schlecht oder böse. Das probieren manche aber so hinzustellen, besonders in Esoterikkreisen. Wenn das jemand so sieht, erklärt er nur sich selbst den Kampf. Das Ich tarnt dies dann gerne, indem es sich selbst einfach nach außen projiziert und sich umbenennt, zum Beispiel in **Ego.** Damit hat es etwas außerhalb von sich, gegen das es sich behaupten kann. Das Ich sagt dann: „Der Grund für mein Leiden ist mein Ego. Also muss das Ego aufgelöst werden." Dabei sind Ich und Ego genau dasselbe. Irgendwie lustig und traurig zugleich. So eine Konstellation ist ein sehr großer Energiefresser und alles andere als heilsam.

Das Ich treibt auf der Welt sehr viel Unfug. Man muss nur Geschichte lesen oder die Nachrichten einschalten. Das vom Selbst getrennte Ich sucht nach dem Selbst, kann es aber nicht finden, hat dadurch eine Leere in sich, **einen großen Mangel,** und versucht, das auszugleichen, indem es immer mehr haben möchte, mehr als andere, damit es sich sicher fühlen kann. Es analysiert, misst, wertet, urteilt, beutet aus etc. Und die Krafttiere schauen zu und schlagen die Hände über dem Kopf zusammen.

WARUM SCHREIBE ICH SO VIEL ÜBER DAS EGO IN EINEM BUCH ÜBER KRAFTTIERE?

Um zu meditieren und sich damit seinen inneren Fähigkeiten zu öffnen, muss man seine **sehr eingeschränkte Alltags-Trance,** genannt Ich oder Ego, etwas lockern.

Außerdem erfahren wir so, dass wir mit allem verbunden sind, was es gibt, **auch mit Krafttieren.** Da ist also schon eine innere Verbindung mit Krafttieren vorhanden. Dies muss durch Übung nur noch in das Alltagsbewusstsein gelangen.

Ein dritter Grund ist, weil genau das auch die Botschaft der Krafttiere ist: Sie sind bei uns, um uns daran zu erinnern, wer wir wirklich sind. Wir sind nicht ein Ich, das sich mit allem Möglichen identifiziert, um jemand zu sein. **Wir sind das Selbst, das in sich ganz ist.**

GUT ZU WISSEN

- *Mit regelmäßiger Meditation können wir diesen starken Ich-Fokus Schritt für Schritt lockern. Dadurch ist unsere Aufmerksamkeit nicht mehr so spitz, sondern wird etwas breiter. Wenn wir diese Ich-Fixierung nur minimal lockern, gelingt ASW gleich enorm viel besser! Du hast dann sofort mehr Zugriff auf das, was noch da ist, was deine Ich-Trance bisher ausgeblendet hatte. Daher ist es wichtig, dass du, wenn du mit Krafttieren arbeiten möchtest, beginnst,* ***regelmäßig zu meditieren.*** *Auf welche Art und Weise bleibt dabei dir überlassen.*

- *Wenn man sich nur etwas von seinem Ich löst und die innere Aufmerksamkeit damit etwas weitet, kann man wiederum* ***seine Trance*** *auf Dinge richten, die zuvor nicht erreichbar waren, weil der Fokus durch das Ich zu eng dafür war. Man steigt sozusagen mit der Aufmerksamkeit aus der alltäglichen Wahrnehmung aus, bekommt einen größeren inneren Kontext beziehungsweise Raum und kann dann mitbekommen, was da noch so ist, außerhalb der alltäglichen Realität.*

- *Und wenn wir von hier aus dann wieder mit einer gebündelten Aufmerksamkeit in eine* ***Wirklichkeitsbeschreibung*** *eintauchen und wenn die Aufmerksamkeit dann auf einem ASW-Phänomen, zum Beispiel einem Krafttier, liegt, befindet man sich in einer* ***schamanischen Trance.***

Schamanische Trance ist also, wenn wir die Aufmerksamkeit vom Alltag lösen und auf nichtalltägliche Phänomene bündeln. Und so ein nichtalltägliches Phänomen ist zum Beispiel ein Krafttier-Begleiter.

MEDITATIONSÜBUNGEN

Regelmäßige Meditation wird dir dabei helfen, Distanz zwischen dich als Beobachter und deinem Geist aufzubauen. Du steckst dann nicht mehr mittendrin in all den Gedanken und Geschichten, mit denen dein Geist sich den ganzen Tag beschäftigt. Und wenn du deinen Geist mit Distanz beobachten kannst, wird dir auch eher auffallen, wenn da ein Krafttier-Begleiter ist, der dir etwas mitteilen möchte.

ÜBUNG

MEDITATION 1: WEISE UND ERLEUCHTET

Ich bin ein Fan davon, Übungen möglichst einfach zu halten. Denn nur dann wird man diese auch in seinen Alltag integrieren und regelmäßig ausführen können. Diese meditative Übung ist einfach und sehr effektiv:

1. Setze dich bequem, aber einigermaßen aufrecht hin. Wenn du eine Rückenlehne brauchst, ist das okay.
2. Schließe deine Augen und halte sie geschlossen.
3. Atme tief ein und aus.
4. Stelle dir vor, du bist ein*e weise*r Erleuchtete*r. Nimm die passende Haltung dazu ein, körperlich und auch geistig. Mache es so, wie es sich für dich richtig anfühlt.
5. Atme tief ein und aus und bleibe mit deiner Aufmerksamkeit bei deiner Haltung.
6. Wenn dein Geist woanders hinwandert, bemerke es und komme mit deiner Aufmerksamkeit immer wieder ganz locker und leicht zurück zu deiner Haltung. Immer, wenn dein Geist woanders hinwandert, bemerke es und komme ganz locker und leicht wieder zurück zu deiner Haltung. Egal, was in deinem Geist auftaucht, bemerke es und komme ganz locker und leicht wieder zurück zu deiner Haltung. Lass die Inhalte des Geistes einfach Inhalte des Geistes sein. Komme immer wieder locker und leicht zurück zu deiner Haltung …
7. Atme tief ein und aus.
8. Bleibe noch ein paar Minuten einfach so sitzen und öffne dann deine Augen.

TIPP

Ich empfehle dir, diese Übung regelmäßig ein paar Minuten lang zu machen, und dies wenn möglich über einen längeren Zeitraum hinweg. Damit schaffst du eine sehr gute geistige Grundlage für deine Arbeit mit Krafttieren.

Am besten stellst du dir einen Wecker, dann braucht sich dein Geist nicht mit der Zeit zu beschäftigen.

Wenn du das Bedürfnis hast, länger zu meditieren, dann verlängere die Zeit Schritt für Schritt. Zehn Minuten täglich über viele Wochen ist dabei effektiver als zweimal die Woche für eine Stunde.

TIPP

Du kannst alle anderen Übungen, die noch folgen, auch parallel dazu machen.

ÜBUNG

MEDITATION 2: DIE WIRKLICHKEIT DES WALDES

Alternativ zu Meditation 1 kannst du folgende Technik für dich einmal ausprobieren. Du musst dafür in einen Wald gehen. Es darf auch ein kleiner Wald sein oder ein Hain.

1. Setze dich irgendwo mitten in den Wald. Das kann ein Bänklein sein, ein umgefallener Baumstamm, eine Decke, die du mitgenommen hast, ein Jägersitz, egal. Hauptsache, du kannst dort ein paar Minuten in Ruhe sitzen.
2. Atme tief ein und aus.
3. Richte nun deine Aufmerksamkeit auf den gesamten Wald um dich herum. Höre den ganzen Wald, spüre ihn. Richte deine Aufmerksamkeit gleichzeitig auf alles, was in deinem Sichtfeld ist.
4. Wenn Worte oder Bilder in deinem Geist auftauchen, komme einfach wieder ganz locker und leicht zum Wald zurück. Immer, wenn etwas in deinem Geist auftaucht, lass es da sein und komme einfach wieder ganz locker und leicht zum Wald zurück. Auch, wenn dein Geist irgendwo anders hinhüpft, komme wieder ganz locker und leicht zum Wald zurück. Auch falls dort im Wald Menschen auftauchen, nimm sie kurz wahr und komme wieder zum Wald zurück …
5. Bleibe so zehn bis 30 Minuten in aller Ruhe im Wald sitzen.
6. Atme tief ein und aus.
7. Mache dich dann auf deinen Heimweg oder gehe noch etwas spazieren.

TIPP

Diese Meditation beruhigt deinen Geist und der Wald hilft dir dabei, meditieren zu lernen. Diese Übung ist ein super Einstieg ins Meditieren.

ÜBUNG

MEDITATION 3: VERGESSEN UND ERINNERN

Die folgende Anleitung ist **für Fortgeschrittene.** Mache die Übung daher nur, wenn du bereits regelmäßige Meditationserfahrung gesammelt hast. Du kannst mit ihr mit genug Hingabe sehr direkt in dein wahres Selbst eintauchen.

1. Setze dich bequem, aber einigermaßen aufrecht hin. Wenn du eine Rückenlehne brauchst, ist das okay.
2. Schließe deine Augen und halte sie geschlossen.
3. Atme tief ein und aus.
4. Vergiss nun aktiv deinen Alltag.
   Vergiss, was passiert ist.
   Vergiss, was es noch zu tun gibt.
   Vergiss deinen Beruf.
   Vergiss deine Hobbies.
   Vergiss deine Beziehungen.
   Vergiss deinen Besitz.
   Vergiss deine Zukunftspläne.
   Vergiss deine Vergangenheit.
   Vergiss alles, was um dich herum ist.
   Vergiss deinen Körper.
   Vergiss deinen Namen.
   Vergiss deinen Atem.
   Wenn etwas in deinem Geist auftaucht, vergiss auch dies.
   Vergiss die Welt.
   Vergiss Worte.
   Vergiss Gedanken.
   Vergiss das Vergessen.
   Vergiss.
   Bleibe im Prozess des Vergessens. Immer, wenn alles vergessen ist, bleibe genau da. Ganz locker und entspannt.
5. Atme tief ein und aus.
6. Bleibe noch ein paar Minuten so sitzen und spüre nach. Öffne dann deine Augen.

TIPP

Stelle dir auch hier einen Wecker, der dich nach zehn bis 15 Minuten wieder zurück in den Alltag holt. Unterschätze die Übung nicht. Denn dein Ich kann dadurch sehr ins Wanken gebracht werden. Sie kann jedoch gleichzeitig eine gute Einschlafhilfe sein. Und das wirkt sich dann auch auf deine Traumerfahrungen aus.

ENERGETIK

ASW braucht Energie. Die bewusste Trance braucht ebenfalls Energie. Was am wenigsten Energie braucht, ist, einfach nur da zu sein und die Aufmerksamkeit unfokussiert zu lassen, während man wach und bewusst ist. Wer also regelmäßig meditiert, verbraucht weniger Energie und hat für schamanische Übungen mehr zur Verfügung. Aber da ist ja auch noch der Alltag, der bewältigt werden möchte und auch eine Menge Energie braucht …

Exkurs

Im Alltag ist der Geist in der Regel ständig am Denken. Warum? Weil wir es so gelernt haben. Das ist unsere Kultur. Wer nachdenkt, kann Probleme lösen und ist im Vorteil gegenüber anderen. Wir haben von klein auf gelernt, dass wir, wenn wir uns nur genug anstrengen, alle Probleme mit dem Denken lösen können. Das Denken ist in unserer Kultur zum größten Werkzeug geworden. Und das ja auch zu Recht! Denn damit kann man sehr viele Dinge erreichen.

Nur leider ist dieses Werkzeug beim schamanischen Arbeiten überhaupt nicht zu gebrauchen. Hier brauchen wir das Gewahrsein darüber, dass wir geistig auch aktiv sein können, ganz ohne zu denken! Und dies erfahren wir in der Meditation, indem wir üben, unseren Geist zu beobachten und ganz da zu sein.

Es gibt **automatisches, unbewusstes Denken und bewusstes Denken.** Der größte alltägliche Energiefresser ist das automatische Denken. Beobachte mal dein Denken den Tag über. Du wirst merken, dass in deinem Geist viele wirre Gedanken und Gedankenfetzen sind und der Geist ständig hin- und herhüpft und wild durch die Welt assoziiert. Und die meisten Gedanken sind nicht mal deine. Es sind übernommene. Oft sind es sogar Gedanken, die sich nicht mal förderlich auf dich auswirken. Aber sie bevölkern deinen Geist und rauben dir deine Energie. Das Gute ist, dass, sobald du einen solchen Gedanken bewusst erkannt hast, er meist schon verschwunden ist. So befreist du nach und nach deinen Geist. Das kennst du bereits, wenn du regelmäßig meditierst. Wenn der Alltag vollgestopft ist mit stressigen Geschichten, dann fehlt die Energie für schamanische Übungen. Ein stressiger Alltag verbraucht all die Energie, die uns normalerweise zur Verfügung stünde.

Was gibt es also grundlegend zu tun? Kurz gesagt: **nicht so viel denken und im Alltag genug Ruhezeiten einplanen.** Darüber hinaus gibt es aber auch Meditationen und Energetik-Übungen, mit denen man sich zusätzlich mit Energie versorgen kann. Übungen aus dem Bereich Meditation kennst du bereits. Daher möchte ich dir hier noch zwei einfache **Energetik-Übungen** vorstellen.

ÜBUNG

ENERGETIK-ÜBUNG MIT EINEM BAUM

Mit dieser Übung kannst du dich in das Energiesystem eines Baumes einklinken. Das funktioniert relativ leicht. Bäume leiten den ganzen Tag Energie vom Erdreich in den Himmel und vom Himmel ins Erdreich. Und so versorgen sie sich auch ständig mit frischer Lebensenergie. Nicht jeder Baum ist dazu bereit, dich einfach so in seine energetische Intimsphäre hineinzulassen. Daher solltest du sehr achtsam, dankbar und respektvoll vorgehen.

1. Finde einen Baum, bei dem du das Gefühl hast, dass ihr euch beide sympathisch seid.
2. Nähere dich ihm ganz langsam. Begrüße ihn, stelle dich vor und bitte ihn, dir zu helfen, dich mit frischer Energie zu versorgen. Wenn hier ein „Nein“ kommt, bedanke dich und gehe zu einem anderen Baum. Wenn hier ein klares „Ja“ kommt, gehe wie folgt vor:
3. Lehne dich mit deinem Rücken an seinen Stamm.
4. Atme tief ein und aus und schließe deine Augen.
5. Spüre dich nun in den Baum ein.
6. Spüre die Energiebewegung von oben nach unten und von unten nach oben.
7. Stelle dir vor, wie diese Energie auch durch dich hindurchwirbelt.
8. Spüre diese Energie. Atme mit dem Baum mit. Mache das eine Weile.
9. Bedanke dich dann beim Baum.
10. Atme tief ein und aus und öffne deine Augen.
11. Vielleicht kannst du dem Baum auch etwas Gutes tun, indem du ihm zum Beispiel deine Aufmerksamkeit schenkst oder an einem heißen Tag etwas Wasser dalässt.

TIPP

Die Übung regt nicht nur den Fluss deiner Energie an, sondern kann energetisch auch sehr reinigend wirken.

ÜBUNG

TIEFE ENERGIE-ATMUNG

Viele Menschen atmen sehr oberflächlich. Sie atmen nur in den Brustkorb, oben in die Lungenspitzen hinein. Man erkennt das daran, dass sich beim Atmen nur die Schultern anheben und senken. Besonders, wenn jemand im Dauerstress ist, atmet er nur noch ganz flach.

Über die Atmung bringen wir nicht nur Sauerstoff in unser System und werden Kohlenstoffdioxid los, sondern wir versorgen uns darüber auch mit frischer feinstofflicher Energie und bringen unbrauchbare Energie aus unserem System heraus. Je tiefer und bewusster wir atmen, umso mehr Energie bekommen wir darüber ganz nebenher und ganz natürlich. Das macht wirklich sehr viel aus!

Du kannst deine Atemgewohnheiten mit folgender Übung verändern:

1. Setze dich aufrecht hin und stehe mit deinen Füßen schulterbreit oder lege dich ohne Kissen unter dem Kopf flach auf deinen Rücken.
2. Atme tief ein, bewege dabei deinen Bauch nach vorne, sodass sich dein Zwerchfell so richtig nach unten hin ausdehnen kann. Mache es so, wie es sich gut und natürlich für dich anfühlt.
3. Dann atme aus, indem du deinen Atem einfach loslässt. Wenn ganz natürlich alle Luft hinausgeströmt ist, beginne mit einem neuen Atemzug.
4. Wenn du beim Einatmen die Absicht hast, Energie in deinem System anzusammeln, dann geschieht dies auch vermehrt.
5. Es kann sein, dass deine Fingerspitzen irgendwann anfangen zu kribbeln, weil nun mehr Sauerstoff in deinem Blut ist. Das ist ganz normal. Es kann dir auch etwas schwummrig dabei werden. Achte auf dich, übertreibe es nicht. Mache die Übung einfach ein paar Minuten lang.

TIPP

Kombiniere die Übungen. Wenn du im Wald bist oder meditierst, mache nebenher gerne die tiefe Energie-Atmung.

SCHAMANISCHE HILFSMITTEL

Bei der schamanischen Arbeit werden Ritualgegenstände, -werkzeuge und Naturkräfte benutzt. Wenn du mit deinen Krafttier-Begleitern bewusst zusammenarbeiten möchtest, so wie du es in diesem Buch lernst, kann dich das ein oder andere schamanische Hilfsmittel dabei unterstützen. Am Ende sind diese Hilfsmittel alle nur „Stützräder", die dir das Ganze erleichtern können, und irgendwann wirst du sie nicht mehr brauchen. Trotzdem ist es ganz nett, Unterstützung zu haben. Wenn man sich eine Sache erleichtern kann und keiner dadurch Schaden nimmt, wieso sollte man das dann nicht nutzen?

Ich möchte hier nicht sehr tief in das Thema einsteigen, sondern einfach einen kleinen Überblick vermitteln und dir ein paar Praxis-Tipps mitgeben, die deine Krafttier-Übungen unterstützen können.

TROMMEL

Die Trommel ist wohl das bekannteste schamanische Ritualwerkzeug. Und dazu noch eines der ursprünglichsten Musikinstrumente. Es hat viele Gründe, warum man die Trommel bei der schamanischen Arbeit nutzt. Sie kann vor allem dabei helfen, eine **schamanische Trance** einzuleiten und zu halten. Wenn man eine Trommel monoton und in einer passenden Frequenz schlägt, kann die Gehirnfrequenz herunterfahren. Dem Gehirn wird es quasi sehr langweilig dabei und es fährt herunter, aus dem Alltagsbewusstsein hinein in ein tieferes Bewusstsein, wo schamanische Heilarbeit erst so richtig geschehen kann.

Manche behaupten, dass es eine ganz bestimmte Frequenz sein sollte, damit dies geschieht. Meiner Ansicht nach sollte der Fokus nicht zu stark auf der Trommel liegen, sondern mehr auf den inneren Fähigkeiten desjenigen, der schamanisch arbeitet beziehungsweise trommelt. Ich habe bemerkt, dass es viel hilfreicher ist, wenn man sich intuitiv einschwingt und dadurch die jetzt gerade passende Frequenz findet, als sich wie ein Taschenrechner an vorgegebenen Zahlen zu orientieren. Ich persönlich arbeite in der Regel ohne Trommel, denn diese ist zwar ein sehr gutes, aber dennoch einfach nur ein „Stützrad".

Man kann jemand anderen für sich trommeln lassen, man kann selbst trommeln oder, was am Anfang auch schon sehr hilfreich ist, man hört schamanische Trommelmusik. Bei der Auswahl solltest du einfach nach deinem Empfinden gehen. Wähle etwas aus, das für dich stimmt.

TIPP

Monotones Trommeln unterstützt deine schamanischen Übungen. Nutze das, wenn es für dich passt. Für einen Krafttier-Begleiter zu trommeln ist auch sehr gut geeignet, um ihm deinen Dank auszudrücken.

RASSEL

Eine Rassel kann ebenfalls genutzt werden, um **leichter in eine schamanische Trance** zu gelangen und um sich dort zu halten. Auch hier ist meine Empfehlung, dass dann monoton und intuitiv passend gerasselt wird.

TIPP

Im Raum um dich herum etwas zu rasseln kann außerdem alte, festsitzende Energien lösen, die dann den Raum leichter verlassen können.

TANZ

Manchen Menschen hilft es, wenn sie sich bei schamanischen Übungen **bewegen.** Die meisten legen oder setzen sich hin, aber je nachdem, was für ein Typ man ist, sollte man sich dabei bewegen. Monotoner Tanz und das intensive Drehen des Körpers sind ebenfalls, wie das Trommeln und Rasseln, Techniken, mit denen man sich in eine tiefe Trance versetzen kann. Wenn dir das Tanzen liegt, dann nutze dies. Wenn es dich aber zu stark ablenkt, lass es. Tanz kann auch dabei helfen, den Geist zu leeren und eine tiefere Entspannung zu erzielen. Daher kann ein kleiner intuitiver Tanz auch eine gute Vorbereitung für deine weiteren schamanischen Übungen sein.

TIPP

Wenn du dich gerne bewegst, dann tanze intuitiv etwas, bevor du in weitere schamanische Übungen eintauchst. Nach einer schamanischen Übung kann dich ein Tanz auch sehr gut erden.

GESANG

Die Stimme ist ein geniales „Ritualwerkzeug". Mit bestimmten Tönen kann man im feinstofflichen Energiesystem **heilsame Impulse** setzen, man kann Disharmonien harmonisieren, energetische Blockierungen ins Fließen bringen und auch bestimmte Bereiche aktivieren. Tief einzuatmen und einfach den Ton herausströmen zu lassen, der sich jetzt gerade zeigen möchte, kann ein guter Einstieg sein, um mit der Stimme schamanisch zu arbeiten.

ÜBUNG

Töne eine Runde intuitiv vor dich hin, bevor du schamanisch arbeitest, indem du zum Beispiel ein sanftes „Aaahhh" deinem Mund entströmen lässt. Wenn du nach einer schamanischen Übung den Impuls hast, zu tönen, tue das. Das kann zum Beispiel Emotionen oder alte Energien, die du nicht mehr brauchst, auf eine sanfte Art aus deinem System hinausbefördern, was sehr befreiend sein kann.

RÄUCHERUNGEN

Mit Räucherungen kann man den Raum **energetisch reinigen und vorbereiten.** Man kann damit außerdem sein Energiesystem reinigen und vorbereiten. Mit Räucherungen kann man außerdem nach der schamanischen Arbeit sich und den Raum reinigen und nachbereiten. Eine Räucherung kann auch eine gute Möglichkeit sein, einem Krafttier-Begleiter seinen Dank auszudrücken.

TIPP

Zünde ein Räucherstäbchen an und teile einem Krafttier-Begleiter mit, dass die Räucherung ein Geschenk für ihn ist. Er nimmt sich dann die Energie, die dort frei wird.

KRISTALLE

Kristalle bringen eine **hoch schwingende Energie** zu dir und in den Raum. Wenn du zum Beispiel Kristalle in einem Kreis um deinen Körper herum legst, bevor du deine schamanischen Übungen machst, schenkt dir das mehr Energie und eine höhere Schwingung. Beides wirst du sehr gut gebrauchen können.

TIPP

Bergkristall ist immer ein guter schamanischer Helfer. Halte einen Bergkristall in der Hand oder lege ihn nah zu dir, wenn du schamanisch arbeitest. Reinige ihn ab und zu mit einer Räucherung.

DEINE KRAFTTIER-BEGLEITER KONTAKTIEREN

Nachdem du nun gut vorbereitet bist und einige schamanische Hilfsmittel kennengelernt hast, bist du bereit für erste eigene und vor allem bewusste Erfahrungen mit deinen Krafttier-Begleitern. Die beiden folgenden Trance-Techniken sind sehr direkte und schnelle Techniken. Sie sind dafür da, **zwischendurch einen Kontakt zu suchen und sich auszutauschen.**

ÜBUNG

KOMMUNIKATIONSTECHNIK 1: EIN KRAFTTIER AUS DEM NEBEL

Sorge dafür, dass du genug Ruhe hast und nicht gestört wirst. Richte dir den Ort, an dem du übst, so ein, dass du dich wohlfühlst. Triff noch andere Vorbereitungen, die du für sinnvoll hältst, du kannst zum Beispiel räuchern oder tönen. Am besten dunkelst du den Raum etwas ab oder du übst, wenn es draußen dunkel ist oder dämmert. Dann ist alles einfach etwas ruhiger.

1. Mache ein paar Minuten lang die tiefe Energie-Atmung (von Seite 68).
2. Meditiere für ein paar Minuten.
3. Halte deine Augen dann weiter geschlossen.
4. Wenn dein Geist sich beruhigt hat und entspannt ist, habe die bewusste Absicht, jetzt in bewussten Kontakt mit einem Krafttier-Begleiter zu treten.
5. Richte nun deine Aufmerksamkeit auf den Raum um dich herum, aber nicht auf den materiellen Raum, sondern den feinstofflichen Raum.

6. Stelle dir vor, dass dort um dich herum ein Nebel ist. Dieser Nebel lichtet sich nun und gibt die Gestalt des Krafttier-Begleiters frei, der dich zurzeit besonders unterstützt.
7. Beschreibe diesen auf deine Art, auditiv, spürend und/oder visuell. Mache dir ein Bild von ihm. Spüre seine Kraft.
8. Kommuniziere dann mit ihm über deinen inneren Raum. Wenn du eine Frage hast, stelle sie in deinem Geist und sei offen für die Antwort des Krafttieres. Auch hier geht es darum, die Antwort zu wissen und sie deinem Naturell nach zu beschreiben, damit sie für dich greifbar wird. Wenn du einfach nur das Krafttier erleben möchtest, genieße seine Präsenz. Fühle dich frei, mit dem Krafttier zu interagieren wie mit einem guten Freund. Wahrscheinlich seid ihr das ohnehin schon.
9. Bedanke und verabschiede dich.
10. Stelle dir vor, wie der Nebel wieder erscheint und der Krafttier-Begleiter darin verschwindet.
11. Richte deine Aufmerksamkeit wieder auf den materiellen Raum um dich herum, dann auf deinen Körper und deinen Atem.
12. Atme tief ein und aus und öffne deine Augen.

TIPP

Bleib immer noch etwas sitzen und spüre nach. Dadurch gibst du deinem ganzen System die Möglichkeit, alles gut zu verarbeiten und in deine Realität zu integrieren.

ÜBUNG

KOMMUNIKATIONSTECHNIK 2: DEINE INNERE SICHT ERWECKEN

1. Mache ein paar Minuten lang die tiefe Energie-Atmung (von Seite 68).
2. Meditiere für ein paar Minuten.
3. Halte deine Augen dann weiter geschlossen.
4. Wenn dein Geist sich beruhigt hat und entspannt ist, habe die bewusste Absicht, jetzt in bewussten Kontakt mit einem Krafttier-Begleiter zu treten.
5. Richte deine Aufmerksamkeit auf deine Augen. Nimm nun die Idee des Sehens von deinen Augen weg, nach innen, in deinen Kopf hinein. Stelle dir dazu vor, wie du ganz klein im Zentrum deines Kopfes bist, so als wärst du ganz klein inmitten deines Kopfes und könntest dich dort umsehen. Bleibe genau hier mit deiner inneren Sicht.
6. Bitte darum, dass der Krafttier-Begleiter sich dir nun zeigen möge. Beschreibe ihn auditiv, spürend und/oder visuell. Mache dir ein Bild von ihm.
7. Kommuniziere mit ihm. Wenn du eine Frage hast, stelle sie in deinem Geist und sei offen für die Antwort des Krafttieres. Auch hier geht es dann darum, die Antwort zu wissen und sie deinem Naturell nach zu beschreiben, damit sie für dich greifbar wird. Wenn du einfach nur das Krafttier erleben möchtest, genieße seine Präsenz. Fühle dich frei, mit dem Krafttier zu interagieren wie mit einem guten Freund. Wahrscheinlich seid ihr das ohnehin schon.
8. Bedanke und verabschiede dich.
9. Nimm die Idee des Sehens wieder aus deinem Kopf heraus, nach vorne zu den Augen. Stelle dir dazu vor, dass du wieder durch deine Augen hinaus in die Welt blickst.
10. Atme tief ein und aus und öffne deine Augen.
11. Bleibe noch etwas sitzen und spüre nach.

TIPP

Habe stets ein Notizbüchlein oder Ähnliches parat. Notiere dir direkt nach dem Kontakt mit deinem Krafttier-Begleiter deine wichtigsten Erinnerungen. So gehen diese nicht verloren.

Mit genug Übung wirst du mit beiden Kommunikationstechniken jedes x-beliebige Krafttier erreichen können, egal, ob es dich momentan begleitet oder nicht. Es kann eventuell sein, dass das ein und andere Krafttier auf deinen Kontakt nicht reagiert. Aber du kannst ja mal „durchklingen" und schauen, ob es abnimmt.

TRANCE-REISEN ZU EINEM KRAFTTIER-BEGLEITER

In den beiden folgenden Übungen zeige ich dir, wie du mit der Trance-Reise-Technik deinen Fokus auf den Krafttier-Begleiter lenken kannst, der dir zurzeit am nächsten ist. Damit kommst du den Krafttieren **noch viel näher** als mit den beiden Kommunikationstechniken, die ich dir zuvor erklärt habe. Aber schau einfach mal, was dir besser liegt.

Erinnere dich: Eine schamanische Trance ist ein selektiver Fokus mit deinem Bewusstsein auf einem außersinnlichen Phänomen. Damit dies gelingt, musst du zunächst in einen meditativen Bewusstseinszustand gehen. Du löst dich damit etwas von deinem Alltags-Ich und tauchst in tiefere Schichten deines Bewusstseins ein. Von dort aus richtest du dann deine Aufmerksamkeit intensiv auf dein Ziel, also hier auf einen Krafttier-Begleiter. Bei einer Trance-Reise stellst du dir vor, wie du einen Weg gehst. So kannst du deine Trance kraftvoll ausrichten und intensivieren.

Unsere Vorgehensweise ist also:

1. Du brauchst genug **Energie,** also mache die Trance-Reise nur dann, wenn du dich erholt fühlst. Und bereite dich zum Beispiel ein paar Minuten lang mit der tiefen Energie-Atmung vor.
2. Mache fünf bis zehn Minuten lang eine Meditation, zum Beispiel Meditation 1, die ich dir auf Seite 60 vorgestellt habe.
3. Nutze die Trance-Reise-Technik auf den folgenden Seiten mit der Absicht, dem Krafttier-Begleiter zu begegnen, der dir zurzeit am nächsten ist.

Exkurs

Beim fortgeschrittenen schamanischen Arbeiten macht man viele Dinge gleichzeitig ...

... Man unterhält sich zum Beispiel mit einem Klienten, während man mit einem Krafttier bei einem inneren Persönlichkeitsanteil ist, und räuchert vielleicht nebenher noch.

Bei der schamanischen Arbeit hat man oft eine Art Vermittlungsfunktion:
Zwischen zwei Menschen,
zwischen Mensch und Natur,
zwischen Naturgeist und Mensch,
zwischen Krafttier und Pflanzengeist,
zwischen Alltags-Ich und inneren Anteilen
und so weiter.

Daher werden Übungen dieser Art auch besser im Sitzen praktiziert.

Überlege dir vorab genau, warum du Kontakt mit einem Krafttier haben möchtest. Möchtest du ihm eine Frage stellen? Welche genau? Möchtest du dem Krafttier etwas mitteilen? Was genau? Was ist dein Anliegen? Deine Absicht? Kläre dich vorab. Das ist ein wichtiger Teil deiner Trance und wird auch stark dazu beitragen, wie gut es für dich funktioniert.

Nun kann es auf der nächsten Seite mit den Schritten für deine erste Trance-Reise losgehen ...

ÜBUNG

TRANCE-REISE 1: BASIS

Ich empfehle dir, die Übung **im Sitzen** durchzuführen, das klappt meistens am allerbesten. Im Sitzen könntest du später auch nebenher noch etwas anderes tun wie zum Beispiel trommeln oder räuchern.

1. Bereite dich mit einer tiefen Energie-Atmung und anschließenden Meditation vor.
2. Setze oder lege dich hin oder bleibe stehen und bewege dich etwas. Ganz so, wie es sich für dich gut anfühlt.
3. Schließe deine Augen und halte sie geschlossen.
4. Habe die feste Absicht, jetzt zu dem Krafttier-Begleiter zu gehen, der dir zurzeit am nächsten ist. Deine Entschlossenheit ist hier der Schlüssel, denn *du* richtest deine Trance aus!
5. Nun stelle dir vor, du befindest dich in einer wunderschönen, magischen Landschaft. Schmücke sie etwas aus. Beschreibe sie mit Worten, Bildern, Gefühlen. Es ist dabei erst mal egal, wie sie aussieht. Nimm die Landschaft, die in deinem Geist auftaucht, oder erschaffe dir eine. Es darf auch jedes Mal eine andere sein. Du brauchst sie nicht genau zu visualisieren. Strenge dich nicht an. Wisse einfach, dass sie da ist, und sei mit deiner Aufmerksamkeit ganz bei beziehungsweise in ihr. Diese Landschaft bildet den Übergang vom Alltagsbewusstsein hinein ins schamanische Bewusstsein.
6. Nun stelle dir vor, wie dort in der Landschaft vor dir ein wunderschöner, ruhiger See auftaucht. Gehe in deiner Vorstellung auf diesen See zu. Schritt für Schritt. Lass dir Zeit.

7. Am See gibt es einen Steg, der bis zur Mitte des Sees reicht. Dieser Steg bringt dich direkt zum Krafttier-Begleiter. Gehe über diesen Steg Schritt für Schritt bis zur Mitte des Sees.
8. In der Mitte des Sees befindet sich eine kleine Insel. Auf der Insel befindet sich eine kleine Wiese. Dort wartet der Krafttier-Begleiter, den du kontaktieren wolltest. Stelle dir vor, wie du, während du immer näher zur Insel gelangst, den Krafttier-Begleiter immer deutlicher ausmachen kannst. Mit jedem Schritt wird er deutlicher und deutlicher wahrnehmbar für dich. Er erwartet dich bereits. Du musst ihn nur noch für dich greifbar machen.
9. Beschreibe ihn auditiv, visuell oder spürend, je nach deinem ASW-Naturell.
10. Kommuniziere bzw. interagiere mit ihm.
11. Bedanke und verabschiede dich danach.
12. Kehre nun über den Steg zurück in die Landschaft. Lass dir dabei genug Zeit.
13. Spüre deinen Körper, atme tief ein und aus, öffne deine Augen.
14. Spüre noch etwas nach.

TIPP

Schreibe dir aus meiner Anleitung einen Text zusammen, nimm diesen mit deinem Smartphone auf und führe dich dann damit per Audio und Kopfhörern selbst hindurch.

ÜBUNG

TRANCE-REISE 2: KRAFTTIER-WELTEN ENTDECKEN

Wenn du mit der Trance-Reise 1 gut zurechtkommst und mit deinem Krafttier-Begleiter in beide Richtungen kommunizieren kannst, kannst du das Ganze **noch etwas ausweiten.**

1. Führe Schritt 1–9 von Trance-Reise 1 durch.
2. Bitte nun den Krafttier-Begleiter darum, dich mit in seine Welt zu nehmen. Sage ihm, dass du von ihm lernen möchtest. Bitte ihn darum, dir seine Welt zu zeigen. Wenn er damit einverstanden ist, dann geht es weiter. Wenn nicht, dann nicht. Du könntest dann noch fragen, warum nicht.
3. Nun gibt es mehrere Optionen. Und diese hängen nicht nur von dir ab, sondern auch vom Krafttier:
    1. Das Krafttier nimmt dich einfach mit. Lass dich mitnehmen.
    2. Das Krafttier lädt dich ein, ihm zu folgen. Folge ihm.
    3. Das Krafttier zeigt dir den Weg. Gehe los.
       Wichtig: Auf welche Art du auch in seine Welt gelangst, lass dich vom Krafttier führen. Tue nichts eigenständig, es sei denn, es ermutigt dich dazu. Frage nach, sei höflich, sei respektvoll, sei dankbar.
4. Wenn deine Kraft nachlässt oder es einfach Zeit ist, wieder zu gehen, bitte das Krafttier darum, dich wieder zurück zur Insel zu bringen.
5. Kehre zur Insel zurück.
6. Bedanke und verabschiede dich.
7. Kehre über den Steg zurück in die Landschaft. Lass dir dabei genug Zeit.
8. Spüre deinen Körper, atme tief ein und aus, öffne deine Augen.
9. Spüre noch etwas nach.

TIPP

Gehe bei Trance-Reisen den Weg immer so zurück, wie du ihn auf dem Hinweg gegangen bist. Damit trainierst du mit einer klaren Struktur und das Ganze wird immer realer für dich. Außerdem weißt du so jederzeit genau, wo du bist, und verlierst dich nicht in geistigen Ablenkungen.

DEIN KRAFTTIER-ALTAR

Ein Altar ist ursprünglich eine religiöse Opfer- oder Verehrungsstätte. An diesem Ort wird eine Gottheit geehrt oder ihr wird ein Opfer dargebracht. Ein Krafttier-Altar ist daran angelehnt, ist aber ganz frei und kreativ. Du erschaffst dir damit einen Ort in deinem Zuhause, den du für den Austausch mit einem oder mehreren Krafttier-Begleitern nutzen kannst. So ein Krafttier-Altar ist wie eine Kommunikationszentrale zwischen dir und einem Krafttier. Es ist das äußere Symbol für eure innere Verbundenheit. Du projizierst sozusagen eure innere Verbundenheit nach außen in die greifbare Welt, damit du dort einfacher mit den Krafttieren in Kontakt treten kannst. Das ist nicht für jeden etwas. Aber wenn dich das anspricht, probiere es gerne mal aus.

WOFÜR IST EIN KRAFTTIER-ALTAR GUT?

Über einen Krafttier-Altar kann einerseits das Krafttier **präsenter** in deinem Alltag sein, weil es einen physischen Ort bekommen hat, über den es mit dir und für dich wirken kann. Andererseits kannst du einem Krafttier über einen Altar regelmäßig sehr einfach etwas **schenken** (= spirituelles Opfer). Schenke nur etwas, das du nicht mehr brauchst oder im Überfluss hast. Es wird nicht wertvoller für ein Krafttier, wenn du etwas hergibst, das du selber noch brauchst oder an dem es dir mangelt. Im Gegenteil, ein Krafttier würde dadurch eher irritiert sein und dich wahrscheinlich dazu ermuntern wollen, mehr auf dich zu achten. Du kannst zum Beispiel mit dem Krafttier ausmachen, dass, wenn du auf deinem Altar ein Räucherstäbchen anzündest und glimmen lässt, die frei werdende Energie dann für das Krafttier gedacht ist. Je mehr Energie so ein Krafttier bekommt, umso mehr kann es dir Gutes tun.

TIPP

Wenn du dich mit Feng Shui auskennst, dann errichte den Altar dort, wo du ein bestimmtes Baguafeld energetisch optimieren möchtest. So hast du zwei Fliegen mit einer Klappe geschlagen. (Lass die Fliegen aber leben.)

WIE DU EINEN KRAFTTIER-ALTAR ERRICHTEST

1. Für deinen Krafttier-Altar brauchst du zunächst einen passenden Ort. Wähle diesen einfach intuitiv oder ganz pragmatisch danach aus, wo Platz ist. Stimme dich dazu am besten mit dem Krafttier/den Krafttieren ab. Mache aus diesem Ort ein kleines Heiligtum. Deinen Altar kannst du zum Beispiel mit diesen Gegenständen ausstatten:

   - ein besonderes Stück Stoff oder ein hübsches Deckchen
   - ein Kristall
   - eine Kerze
   - eine Tierstatue
   - ein Bild von einem Tier
   - ein Bild oder eine selbst gemachte Zeichnung
   - ein Räucherstäbchenhalter

2. Bevor du deinen Altar errichtest, **kontaktiere deinen Krafttier-Begleiter** und bitte ihn um Mitwirkung. Sage ihm, dass du ihm hier regelmäßig ein Räucherstäbchen anzündest und dass er sehr gerne positiv unterstützend an deinem Alltag teilhaben darf. Alternativ kannst du deinen Altar auf eigene Faust errichten und im Anschluss den entsprechenden Krafttier-Begleiter kontaktieren und ihn einladen, bei diesem Altar mitzuwirken.

Wenn du dann im Alltag eine Bitte an diesen Krafttier-Begleiter hast, kannst du dich kurz beim Altar einstimmen und ihn dann um Mitwirkung bei deiner Sache bitten, während das Räucherstäbchen glimmt.

TIPP

Du brauchst nicht viel Platz für einen solchen Krafttier-Altar. Sobald du irgendwo ein Plätzchen frei hast, auf einem Regal, einem Fensterbrett oder einem Tischchen, kann daraus der Altar werden.

DEIN KRAFTTIER-ORAKEL

Die Arbeit mit einem Orakel-Set gehört ganz traditionell zu den schamanischen Arbeitsweisen. Ein solches Orakel-Set kann dir dabei helfen, Wissen ins Alltagsbewusstsein zu bringen und Dinge herauszufinden, die dem Alltags-Ich bisher verborgen blieben. Verbreitete Orakel-Sets sind zum Beispiel Runen, Steine, I Ging und Tarot.

Ein guter Einstieg, um sich dem Thema Orakel in Kombination mit Krafttieren zu nähern, ist ein **Krafttier-Orakelkarten-Set.** Bedenke aber, dass du, wenn du mit einem solchen Set arbeitest, nicht direkt mit Krafttieren zu tun hast, sondern es erst mal nur darum geht, Wissen, das dir gerade nicht zugänglich ist, ins Alltagsbewusstsein zu bringen.

FÜR WELCHE ZWECKE KANN ICH EIN KARTEN-ORAKEL NUTZEN?

Wie bereits erklärt, geht es beim Orakeln grundlegend darum, noch verborgenes Wissen ins Alltagsbewusstsein zu bringen. Was kann das sein? Im Prinzip alles! Es hängt einfach davon ab, wie gut du die Informationen deuten kannst, die über das Orakel an die Oberfläche kommen.

Ganz klassisch befragt man **Zusammenhänge aus der Vergangenheit,** um besser verstehen zu können, warum etwas passiert ist. Menschen wollen schließlich immer im Hier und Jetzt ihr Leben verbessern oder Probleme lösen, mehr Sicherheit bekommen oder mehr Anerkennung. Mit einem Orakel könnte man zum Beispiel Ursachen für heutige Situationen erörtern.

Weiter wird gerne nach Zusammenhängen gefragt, die die **Gegenwart** betreffen. Was ist da gerade los? Warum geht es mir so? Womit habe ich es hier zu tun? Warum verhält sich jemand so?

Die **Zukunft** ist zwar nicht festgelegt, aber es gibt immer größere Wahrscheinlichkeiten und geringere Wahrscheinlichkeiten. So können Tendenzen ausfindig gemacht werden. Manche zukünftigen Varianten sind wahrscheinlicher als andere. Das ergibt sich bereits daraus, wie wir unsere Realität im Moment beschreiben. Da bleibt eine gewisse Konsistenz erhalten, wenn nicht jemand plötzlich eine komplette Kehrtwende in seinem Leben macht. Kommt zwar vor, ist aber in der Regel unwahrscheinlich.

ANWENDUNG

Es gibt sehr viele Legetechniken. Die meisten kennt man wohl vom **Tarot.** Die Legetechniken sind auch für die Nutzung mit einem Krafttier-Orakelkarten-Set geeignet. Das grundlegende Prinzip ist immer das gleiche.

Das ist die Vorgehensweise, die ich dir empfehle:

1. Mische die Karten, während du an deine Frage denkst. Die Karten sind dabei verdeckt, sodass du nur die Rückseite sehen kannst. Du kannst die Karten im Stapel mischen, so wie man es beim Skat macht, oder du legst sie auf einen Tisch oder den Boden und mischst sie einfach wild durcheinander, so wie es ein Kind tun würde. Achte einfach darauf, dass die Karten verdeckt bleiben. Manche streichen auch gerne über die Karten, sodass das Set sich wie ein Fächer auf dem Tisch öffnet.
2. Stelle deine Frage laut und greife dann, ohne nachzudenken, und unmittelbar danach eine Karte heraus. Es gibt hier nichts zu spüren, denn diese Karten bestehen einfach aus Papier. Es braucht kein Spüren, um auf Wissen zuzugreifen, das sowieso schon da ist. Greife wirklich sofort ohne großen Zeitverlust eine Karte, egal welche, direkt nachdem du deine Frage laut ausgesprochen hast.
3. Merke oder notiere dir das Ergebnis. Lege die Karte dann wieder zurück ins Set und mische noch einmal durch, falls du eine weitere Frage hast.
4. Deute dein Ergebnis.

LEGETECHNIKEN

Hier sind einige sehr dankbare Legetechniken.

Lege dein Thema konkret fest oder frage allgemein. Ziehe drei Karten:

1. Eine Karte für deine Vergangenheit
2. Eine für deine Gegenwart
3. Eine für deine Zukunft

Lege dein Thema konkret fest. Ziehe vier Karten:

1. Was ist die Ursache?
2. Wie genau wirkt es sich aus?
3. Was gibt es zu tun?
4. Wozu führt das dann?

Lege dein Thema konkret fest. Ziehe vier Karten:

1. Was ist hier meine Verantwortung?
2. Was ist hier nicht meine Verantwortung?
3. Wie kann ich hier besser für mich sorgen?
4. Wozu führt das dann?

Lege dein Thema konkret fest oder frage allgemein. Ziehe fünf Karten:

1. Welche Karte steht momentan für mich?
2. Was ist der Einfluss, der mich zurzeit am meisten unterstützt?
3. Was ist der Einfluss, der mich zurzeit am meisten blockiert?
4. Was ist sehr wichtig für mich, kann ich aber zurzeit noch nicht klar erkennen?
5. Was sollte hierbei mein nächster Schritt sein?

Wenn du dein Krafttier-Orakelkarten-Set einfach dafür nutzen möchtest, um herauszufinden, **welches Krafttier dir bei einer Sache besonders gut helfen kann,** dann gehe so vor:

1. Lege dein Thema fest, bei dem du Hilfe gebrauchen kannst.
2. Mische die Karten.
3. Frage: „Welches Krafttier kann mir bei meinem Thema ... besonders gut helfen?"
4. Ziehe unmittelbar eine Karte aus dem Set.
5. Kontaktiere das Krafttier und bitte es um Mitwirkung beziehungsweise Hilfe bei deinem Anliegen, zum Beispiel mit der Übung von Seite 72.

DEUTUNG MITHILFE DER KRAFTTIER-PORTRAITS

Hier im Buch bekommst du sehr viele Deutungshilfen für den Fall, dass du mit einem bestimmten Krafttier in Kontakt kommst. Dann kannst du **das entsprechende Krafttier-Portrait** lesen und hast sofort wichtige Infos dazu. Du kannst diese aber auch für deine Orakelei nutzen.

Und für den Fall, dass ein Krafttier auftaucht, das nicht im Buch beschrieben ist, hast du gelernt, selbst nachzufragen.

In den Portraits findest du allgemeine Infos zu den Krafttieren von den Krafttieren. Krafttiere geben aber auch sehr gerne individuelle Hinweise, wenn man sie direkt und bezogen auf ein konkretes Thema befragt. Diese Infos können dann von den allgemeinen Infos abweichen.

DEIN ALLTAG MIT KRAFTTIEREN

KRAFTTIER-ÜBUNGEN IN DEN ALLTAG INTEGRIEREN

Beim Üben ist jeder Mensch etwas anders. Ich empfehle, dir von Beginn an **eine Übungsroutine** zu überlegen, die machbar ist und sich gut in den Alltag integrieren lässt. Das bedeutet, sie sollte nicht zu viel und nicht zu wenig sein und genau zu dir passen. Mache immer eher etwas weniger, dafür aber regelmäßig. So eine Übungsroutine könnte zum Beispiel so aussehen:

BEISPIEL 1

- Zeit: täglich, abends vor dem Abendessen, 1 Stunde Übungszeit
- Ablauf: 5 Minuten Vorbereitung, 5 Minuten tiefe Energie-Atmung, 10 Minuten Meditation, 30 Minuten Trance-Reise zum Krafttier, 10 Minuten Reflektion und Notizen

BEISPIEL 2

- Zeit: täglich, morgens vor dem Frühstück, 30 Minuten Übungszeit
- Ablauf: 5 Minuten tiefe Energie-Atmung, 5 Minuten Meditation, 10 Minuten Kommunikation mit einem Krafttier, 10 Minuten Reflexion und Notizen

BEISPIEL 3

- Zeit: montags, mittwochs und freitags in der Mittagspause, je 20 Minuten Übungszeit
- Ablauf: 3 Minuten tiefe Energie-Atmung, 5 Minuten Meditation, 12 Minuten Kommunikation mit einem Krafttier

BEISPIEL 4

- Zeit: täglich, 10 Minuten Energie-Atmung und Meditation
- am Wochenende Krafttier-Übungen

KRAFT TANKEN MIT KRAFTTIEREN

Wenn du dich einmal alleine, hilflos oder kraftlos fühlst, hast du die Möglichkeit, dich auch gezielt und bewusst an einen Krafttier-Begleiter zu wenden und ihn um Hilfe zu bitten. Das ersetzt natürlich nicht einen guten Freund, mit dem du dich austauschen kannst, aber ergänzt diesen wunderbar.

Nimm dafür Kontakt mit dem entsprechenden Krafttier auf (Kommunikationstechnik, Krafttier-Altar oder Trance-Reise) und bitte das Krafttier darum, dir zu helfen. Manchmal ist es einfach nur die Präsenz eines Krafttiers, die Trost spenden und aufmuntern kann. Oder man bekommt einen inspirierenden Gedanken oder einen Satz, der einem hilft, die eigene Situation mit anderen Augen zu sehen. Du kannst das Krafttier auch direkt um Kraft bitten. Vergiss den **energetischen Ausgleich** nicht. Zünde zum Beispiel für das Krafttier nach dem Kontakt ein Räucherstäbchen an.

ACHTUNG

Verpasse nie den Zeitpunkt, an dem du dir auch professionelle Hilfe suchst, wenn es dir zu schlecht geht. Ein Krafttier ist kein Ersatz für einen guten Therapeuten.

ANTWORTEN BEKOMMEN

Wenn etwas im Alltag geschieht, das du dir mit alltäglichen Mitteln nicht erklären kannst, hast du nun, mit dem Krafttier-Orakel und deinen schamanischen Fähigkeiten, die Möglichkeit, dies auf nichtalltägliche Weise zu ergründen. Nutze dafür dein Orakelkarten-Set oder frage direkt ein Krafttier dazu.

WIE KANN ICH SICHER SEIN?

Zu Beginn ist es sehr wahrscheinlich, dass sich **dein Verstand und dein Ego** immer wieder einschalten und zweifeln. Das ist ganz normal und es geht jedem so. Auch mir ging es jahrelang so. Doch die Zweifel und Unsicherheiten werden mit jeder guten Erfahrung immer kleiner. Gib einfach niemals auf und übe weiter.

TIPP

Die tiefe Energie-Atmung kannst du auch nebenher im Alltag machen, immer, wenn du daran denkst. Und die Meditation kannst du auch zwischendurch machen, immer wenn du gerade nicht viel zu tun hast. Auch Notizen kannst du dir dann machen, wenn dir etwas im Alltag einfällt. So brauchst du dafür gar keine Extra-Zeit einzuplanen.

WIE KANNST DU DIR SICHER SEIN, DASS DAS, WAS DU DA MACHST, WIRKLICH FUNKTIONIERT?

1. **Trainiere deine Grundlagenfähigkeiten.** Dies maximiert deinen Erfolg enorm.

2. **Übe strukturiert.** Vergleiche dann deine Erfahrungen und werte sie aus. Wenn du Antworten von einem Krafttier bekommst, prüfe sie. Sobald du Infos bekommen hast, die dein Verstand nicht wissen konnte, und dir diese Infos tatsächlich bei einem Problem helfen, muss der Verstand das einfach schlucken. Und wenn so etwas immer wieder vorkommt, dann gewinnst du immer mehr an Selbstvertrauen.

3. **Vergleiche deinen Gemütszustand.** Wie geht es dir, bevor du mit einem Krafttier interagiert hast, und wie geht es dir danach? Wenn du ein Krafttier um Hilfe bei einer Sache bittest, was tut sich dann bei dieser Sache ganz konkret? Gibt es eine eindeutige Veränderung von vorher und nachher? Schau genau hin und prüfe die Ergebnisse.

4. **Tausche dich mit jemandem aus, der auch diese Dinge übt.** So kannst du dir ab und zu **Feedback einholen.**

5. **Bitte ein Krafttier für jemand anderen um Hilfe.** Dann bekommst du über denjenigen Infos, die du eigentlich nicht haben kannst. Das ist auch ein richtiger Push für dein Selbstvertrauen. Bitte tue dies nur, wenn der andere das will und davon weiß. Du kannst nicht mithilfe eines Krafttieres andere Menschen ausspionieren. Dafür sind sie nicht da. Das würde sich auch unter den Krafttieren herumsprechen und diese würden sich von dir zurückziehen.

6. **Je mehr du übst und Erfahrungen sammelst, umso mehr Selbstvertrauen gewinnst du generell.** Und irgendwann ist das Ganze so normal wie Zähneputzen.

7. Eine weitere Möglichkeit ist, dass du deine Ausbildung intensivierst. Dazu empfehle ich dir dann **eine komplette schamanische Ausbildung.**

DIE KRAFTTIER-
Portraits

HILFREICHE HINWEISE ZU DEN KRAFTTIERPORTRAITS

Um die Krafttier-Portraits zu erstellen, habe ich die Großen Geister der jeweiligen Tierart kontaktiert, also keine individuellen Krafttier-Begleiter. Ich wollte hier die grundlegenden spirituellen Essenzen der Tierformen einfangen. Daher geht es hier um allgemeine Qualitäten und Eigenschaften. Wenn du mehr Infos haben möchtest, wirst du die Krafttiere selbst fragen müssen.

✶ Wenn ein Krafttier-Begleiter bei dir auftaucht, dann haben die Infos aus den Portraits auch sehr viel mit diesem zu tun, denn er entspringt der Form des Großen Geistes einer Tierart. So wie jeder Mensch zwar etwas anders ist, aber das Menschsein an sich dann in der Wurzel doch immer gleich ist. Die Portraits zeigen die **Grundqualitäten** auf, die ein Krafttier-Begleiter in sich trägt. Allerdings hat ein Krafttier-Begleiter immer auch seine individuellen Eigenheiten.

✶ Die **Inhalte der Portraits** bestehen vor allem aus dem, was mir die Großen Geister über sich erzählt haben. Es handelt sich dabei um die Botschaften, Eigenschaften und Qualitäten, die laut ihnen selbst die wichtigsten sind. Aber bei jedem Krafttier geht es immer noch um viel mehr. Dieses Mehr würde aber ein Buch sprengen. Und außerdem soll ja noch etwas offenbleiben für die Mutigen und Neugierigen, die selbst nachschauen wollen.

✶ Zudem habe ich manche Portraits durch eigene Ansichten und Erfahrungswerte erweitert. Denn manchmal müssen die Infos von den Krafttieren in eine Sprache gebracht werden, die leichter zugänglich und damit besser annehmbar ist. Manche der Inhalte sind hingegen eins zu eins so, wie die Großen Geister es mir diktiert haben.

NOCH MAL KURZ DER HINWEIS ZU DEN „KATEGORIEN“ DER PORTRAITS:

Du wirst zum Beispiel ein Portrait zu Krafttier Wal finden und eines zu Krafttier Blauwal, wobei ja ein Blauwal auch ein Wal ist. Mit Krafttier Wal ist so etwas wie die grundlegende spirituelle Essenz des Walartigen gemeint. Und was für Krafttier Wal gilt, gilt auch für Krafttier Blauwal. Krafttier Blauwal hat aber noch weitere Eigenheiten. Daher, wenn sich Krafttier Blauwal bei dir meldet, schaue nicht nur im Portrait zu Krafttier Blauwal, sondern auch bei Krafttier Wal nach der Bedeutung. Ich habe das natürlich nicht bei jedem Krafttier so herausgearbeitet. Aber bei manchen, bei denen es mir wichtig erschien.

KRAFTTIER WAL

Spirituelle Essenz des Walartigen, gilt **für alle Krafttiere Wal**

KRAFTTIER BLAUWAL

Spirituelle Essenz **konkret zu Krafttier Blauwal**

DIE AUSWAHL DER KRAFTTIERE HABE ICH NACH FOLGENDEN KRITERIEN GETROFFEN:

1. Wie häufig taucht ein bestimmtes Krafttier bei Menschen auf?
2. Wie oft wurde ich nach der Bedeutung eines bestimmten Krafttieres gefragt?
3. Welche Krafttiere haben sich bei mir gemeldet, um beim Buch mitzuwirken?
4. Persönliche Vorlieben und Intuition

INTUITIVE DEUTUNG

Ich bin ein Fan davon, nicht stur Infos auswendig zu lernen und auf festgelegte Deutungen zurückzugreifen, sondern immer wieder neu und intuitiv die Bedeutung erscheinen zu lassen. Wenn du also die Krafttier-Portraits als Orakel nutzt oder dir ein Krafttier begegnet und du wissen möchtest, was seine Botschaft für dich ist, dann empfehle ich dir die **folgende Vorgehensweise:**

1. Lies **den gesamten Text des Krafttier-Portraits** durch und stelle dir anschließend direkt die Fragen:

> **Was hat das jetzt mit meinem Thema zu tun?**
> **Was bedeutet das in Bezug auf meine Frage?**

2. Beantworte dann **spontan und intuitiv** diese zwei Fragen. Denke nicht über die Antworten nach, sondern sei offen dafür, zu erkennen, was dir das Ganze sagen möchte. Wisse es einfach und bringe es in deine Realität.

TIPP

Wenn dir das Wissen nicht gleich zugänglich ist, lies dir den Text des Krafttier-Portraits nochmals durch. Und dann vielleicht noch mal. Irgendwann wirst du intuitiv wissen, um was es dabei geht, und hast deine Antwort und dein Verständnis. Manchmal braucht es aber auch seine Zeit. Es kann sein, dass dir die Erkenntnis auch erst nachts im Traum oder im Laufe des nächsten Tages zuteilwird oder eine Woche später. Ganz nebenbei näherst du dich damit den spirituellen Essenzen der Krafttiere.

Auf den folgenden Seiten findest du nun die insgesamt 117 Krafttier-Portraits in alphabetischer Reihenfolge und mit den wichtigsten Essenzen …

ADLER

Die Essenz: *Neue Perspektiven einnehmen – Befreiung des Geistes – Unvoreingenommen sein*

MEINE ERFAHRUNGEN MIT KRAFTTIER ADLER

Krafttier Adler hat mir schon sehr oft geholfen, in chaotischen Situationen einen guten Überblick zu behalten. Wenn ich in einem Projekt stecke, in das ich sehr involviert bin, kann mich Krafttier Adler dabei unterstützen, eine erweiterte Sicht einzunehmen. In meinen schamanischen Einzelsitzungen ist Krafttier Adler außerdem ein guter Partner bei Extraktionsarbeiten. Dabei geht es darum, energetische Altlasten zu entfernen. Oft packt es dabei Dinge, die nicht mehr gebraucht werden, und zieht diese aus dem feinstofflichen Energiesystem heraus. Das können zum Beispiel eigene alte Emotionen oder übernommene Energien von anderen sein. Krafttier Adler hat mir auch schon oft dabei geholfen, Informationen zu beschaffen, die mir fehlten, um von einer Sache einen umfassenden Gesamteindruck zu bekommen. Da ich schon sehr oft und intensiv mit ihm zusammengearbeitet habe, habe ich mittlerweile Fähigkeiten von ihm übernommen. Das geschieht irgendwann einfach und kann nicht erzwungen werden.

DIE EIGENSCHAFTEN VON KRAFTTIER ADLER

Krafttier Adler ist frei in seinen Ansichten. Es ist ein richtiger Freigeist. Jeder eingenommene Standpunkt ist aus seiner Sicht willkürlich. Wie etwas erscheint, hängt laut ihm immer vom Standpunkt des Betrachters ab. Krafttier Adler schaut sich gerne alle möglichen Standpunkte an und hat so ein umfassendes Bild. Es beschäftigt sich nicht nur mit einem Puzzleteil, sondern blickt auf das Bild, das das fertige Puzzle dann zeigt. Daher weiß Krafttier Adler oft vorab schon, wie das Bild aussieht, bevor alle Teile zusammengesetzt wurden. Krafttier Adler steckt voller Überraschungen, hat viel Humor und schätzt eine gute Mischung aus Ernsthaftigkeit und Leichtigkeit. Es kennt sich sehr gut mit der Komplexität des menschlichen Geistes aus und ist daher ein sehr guter Helfer bei der schamanischen Geistheilung im Allgemeinen. Krafttier Adler hilft besonders gerne bei Themen, die mit dem Verstand und dem Verstehen zu tun haben.

WAS ES BEDEUTEN KANN, WENN KRAFTTIER ADLER BEI DIR AUFTAUCHT

Wenn Krafttier Adler bei dir auftaucht, kann das ein Hinweis darauf sein, dass es gut wäre, deine Perspektive um weitere Standpunkte zu erweitern. Es kann auch darauf hindeuten, dass du etwas mehr Distanz zwischen dir und einem Thema beziehungsweise einer Person schaffen solltest, um mehr sehen zu können, oder dass du einfach mal das Denken sein lassen solltest, um mit dem reinen Sein zu erkennen, was wirklich da ist und was nicht. Sei unvoreingenommen und sieh, wie es ist, anstatt zu versuchen, es zu beschreiben oder zu verändern oder darüber nachzudenken.

MIT KRAFTTIER ADLER SCHAMANISCH ZUSAMMENARBEITEN

Krafttier Adler kann dir sehr gut helfen, dich in anderen Realitäten zu orientieren. Außerdem ist es ein starker Begleiter auf unbekannten Gebieten. In einer schamanischen Sitzung kann Krafttier Adler dir helfen, den Überblick zu behalten und das Wichtige im Fokus zu haben. Gerade bei komplexen Trance-Reisen kann es dir helfen, deine Struktur zu bewahren. Und wenn du mal deine Trance länger auf einer Sache halten musst, als es deine momentane Energetik zulässt, kann Krafttier Adler gut für dich einspringen, um dir einen extra Energieschub zu geben. Krafttier Adler kann auch dabei helfen, kleinere magische Fehler auszubügeln, und ist, wie schon erwähnt, generell ein guter Helfer bei der Geistheilung.

KRAFTTIER

AFFE

Die Essenz: *Entwicklung – Flexibilität – Kindliches Spielen*

MEINE ERFAHRUNGEN MIT KRAFTTIER AFFE

Ich habe viele Jahre japanische und philippinische Kampfkünste trainiert und auch gelehrt. Da ich generell schon immer mehr an den spirituellen als an den selbstverteidigungsrelevanten Aspekten der Kampfkünste Interesse hatte, ist mir dabei auch das ein und andere Krafttier begegnet. Im Bereich Stockkampf war es der Affe. Krafttier Affe zeigte mir bei meinem Training die ein und andere Bewegung, die ich so noch nicht kannte. Es lehrte mich auf seine verspielte Art, wie man immer wieder neue Bewegungen entstehen lassen kann, sodass kein Stillstand eintritt, sondern eine stetige Weiterentwicklung angeregt wird.

DIE EIGENSCHAFTEN VON KRAFTTIER AFFE

Das Motto von Krafttier Affe ist: „Immer weitermachen!" Damit möchte es dich zu kontinuierlicher Weiterentwicklung ermutigen. Krafttier Affe ist ein super Entwicklungshelfer. Es ist voller Flexibilität, teilweise im positiven Sinne hyperaktiv und immer mit Spaß und Spiel bei der Sache. Krafttier Affe träumt gerne vor sich hin und lässt seiner Fantasie am liebsten freien Lauf.

WAS ES BEDEUTEN KANN, WENN KRAFTTIER AFFE BEI DIR AUFTAUCHT

Wenn Krafttier Affe sich bei dir meldet, dann oft deshalb, weil du auf irgendeine Art und Weise in einen Stillstand gekommen bist. Oft sind es eher ältere Leute, die aufhören, aktiv am Leben teilzuhaben. Wenn man jedoch immer alles auf die gleiche Art und Weise macht, ist man irgendwann eine gute Maschine, aber kein lebendiger Mensch mehr. Krafttier Affe macht uns sehr gerne immer wieder darauf aufmerksam, wie es ist, in einer verspielten Lebendigkeit zu verweilen und nie aufzuhören, kindlich, humorvoll und flexibel zu sein.

MIT KRAFTTIER AFFE SCHAMANISCH ZUSAMMENARBEITEN

Wenn du etwas Neues ausprobieren möchtest, frage Krafttier Affe, ob es mit dabei sein möchte. So hast du die verspielte Qualität von ihm an deiner Seite. Auch, wenn du es mal mit jemandem oder einem Thema zu tun hast, bei dem du merkst, dass alles wie eingefroren ist, kann Krafttier Affe mit seiner Energie mithelfen, lebendige Wärme einzubringen. Wenn die Lebendigkeit fehlt, wenn jemand zurück ins Leben gebracht werden soll, frage Krafttier Affe nach Unterstützung.

KRAFTTIER

GORILLA

Die Essenz: *Pure Kraft – Zielgerichtetheit – Zurückgezogenheit*

WAS ES BEDEUTEN KANN, WENN KRAFTTIER GORILLA BEI DIR AUFTAUCHT

Krafttier Gorilla kann auftauchen, um dir folgende Weisheit mitzugeben:
„Was kann dabei herauskommen, wenn man sich immer nur versteckt? Und was kann dabei herauskommen, wenn man sich immer nur zeigt? Beide Extreme werden dich nur viel Kraft kosten. Finde die goldene Mitte."
Krafttier Gorilla taucht gerne dann auf, wenn du vergessen hast, mit deiner Kraft weise umzugehen. Wenn du sie ungezügelt ausbrechen lässt, kannst du Schaden anrichten, bei dir und bei anderen. Daher zügele dich. Setze deine Kraft zielgerichtet ein. Dafür lass dein Gemüt zuerst etwas abkühlen und entscheide dann, was du tust: *„Große Kraft will weise eingesetzt werden und weiß auch, wann sie sich zurückzuziehen hat."*

KRAFTTIER

ORANG UTAN

Die Essenz: Weisheit – Lebensessenz – Wichtige Erkenntnisse

WAS ES BEDEUTEN KANN, WENN KRAFTTIER ORANG UTAN BEI DIR AUFTAUCHT

Krafttier Orang Utan taucht oft auf, um dir diese Botschaft mitzugeben:

„Weisheit ist nicht etwas, das man erlangen kann. Weisheit kommt, wenn man sich dem Leben hingibt. Sie klopft dann einfach an deine Tür und will herein. Ob du sie hereinbittest oder nicht, bleibt deine freie Wahl."

Krafttier Orang Utan ist ein Krafttier, das einem viele weise Geschichten erzählen kann. Es ist so etwas wie ein Bewahrer besonders weiser Erkenntnisse:

„Am Ende eines jeden Lebens, egal, wer es lebt, kommt jeder an den Punkt, an dem er schaut, was die Essenz seines Lebens war. Willst du dir dann selbst eingestehen müssen, dass du anderen viel weggenommen hast und keinem Menschen wirklich Gutes getan hast? Natürlich willst du das nicht. Viele Menschen verhalten sich aber genau so. Am Ende willst du sicher von dir selbst sagen können, dass du ein guter Mensch warst. Also, wie lebt ein guter Mensch? Mach dich auf den Weg!"

KRAFTTIER

AMEISE

Die Essenz: *Höheres Bewusstsein – Dem Ganzen dienen – Gleiches Recht für alle*

DIE EIGENSCHAFTEN VON KRAFTTIER AMEISE

Krafttier Ameise hat die Qualität eines Massenbewusstseins: *„Jeder dient jedem. Für alle soll gesorgt sein. Und wenn es allen gut geht, geht es dem großen Ganzen gut."* Krafttier Ameise handelt stets aus der Sicht der Einheit, aus einem höheren Bewusstsein heraus.

WAS ES BEDEUTEN KANN, WENN KRAFTTIER AMEISE BEI DIR AUFTAUCHT

Wenn Krafttier Ameise auftaucht, kann das bedeuten, dass du stärker bei dir bleiben, aber gleichzeitig das Gesamtwohl im Blick behalten solltest. Man sollte immer tun, was richtig und wichtig ist, auch wenn man es gerade (noch) nicht versteht. Denn wenn man es nicht tut, tut es ein anderer. Krafttier Ameise erinnert uns gerne daran, dass wir nicht getrennt vom Leben sind. Wir leben in einem großen Netzwerk. Das große Ganze ist für jeden kleinen Teil da. Und jeder kleine Teil wird gebraucht, damit das große Ganze sein kann. Das ist das große Selbst. Wir sollten uns daran erinnern, dass wir Teil von etwas Größerem sind. Krafttier Ameise taucht gerne auf, um uns spüren zu lassen, dass für uns gesorgt ist. Das große Ganze sorgt für uns, auch wenn unser Alltags-Ich das gerade nicht verstehen kann. Das Leben ist wie ein riesiges Kunstwerk. Es ist vollkommen und ganz. Und wir sind ein wichtiger Teil davon. Gäbe es uns nicht, wäre das Kunstwerk nicht vollkommen.

Krafttier Ameise ist auch oft Überbringer folgender Anregung: *„Wenn es dir gut geht, lass andere davon profitieren. Denke daran, wie andere für dich da waren, als es dir nicht so gut ging."* Vielleicht ist in unserem Leben mal ein Engel in Form eines Zufalls oder eines Menschen aufgetaucht, der uns aus der Patsche geholfen hat. Und vielleicht können wir heute so ein Engel für jemand anderen sein.

Ein weiteres Thema, worauf Krafttier Ameise gerne hinweist, ist, dass jede Meinung gleichwertig sein sollte. Warum soll jemand mehr recht haben als jemand anderes? Alle Wertungen und Festlegungen sind willkürlich. Jeder, der uns begegnet, ist ein Ausdruck der gleichen Lebenskraft wie wir. Wir sollten ihn daher genau so behandeln.

MIT KRAFTTIER AMEISE SCHAMANISCH ZUSAMMENARBEITEN

Wenn du deinen Beitrag zum großen Ganzen mehr verstehen und tiefer in die großen Zusammenhänge des Lebens eintauchen möchtest, mache eine schamanische Trance-Reise in die Welt von Krafttier Ameise.

KRAFTTIER

AMSEL

Die Essenz: Ruhepol – Zufriedenheit – Sich treu bleiben

DIE EIGENSCHAFTEN VON KRAFTTIER AMSEL

Krafttier Amsel bewahrt seine Ruhe, auch wenn es noch so stürmisch zugeht. Es ist ein richtiger Ruhepol. Krafttier Amsel hat auch eine Ausstrahlung von tiefer Zufriedenheit und versprüht diese gerne. Es erinnert uns gern daran, dass alles immer auch etwas Gutes hat, auch wenn man es gerade vielleicht nicht sehen kann.

WAS ES BEDEUTEN KANN, WENN KRAFTTIER AMSEL BEI DIR AUFTAUCHT

Selbst wenn es in der Welt schlimm zugeht und es viele Gründe gibt, sich zu ärgern und sich zu sorgen, Krafttier Amsel vertritt die Auffassung, dass es nichts bringt, sich davon aus der Ruhe bringen zu lassen. Ist man doch einmal in Stress geraten, taucht Krafttier Amsel gerne auf. Es möchte dich dann daran erinnern, dass die Dinge einfach sind, wie sie sind, du aber steuern kannst, wie es dir damit geht. Richte deine Aufmerksamkeit auf das, was gut ist. Schau, womit du zufrieden sein kannst. Bewahre deine innere Zufriedenheit. Nimm dein Ego nicht zu wichtig, allein dadurch wirst du schon zufriedener. Finde die Ruhe in dir. Auch wenn du sie gerade vielleicht nicht spüren kannst, erinnere dich daran, dass sie da ist. Es gab Zeiten in deinem Leben, da hast du sie gespürt. Erinnere dich. Meistens, wenn man mitten in einer Krise steckt, sieht man nicht, wofür sie gut ist. Und es ist dann gerade alles ganz schlimm. Hinterher weiß man aber irgendwann, warum es die Krise gebraucht hat. Es geht immer darum, zu wachsen und zu lernen. Tu die Dinge auf eine liebevolle und achtsame Art und Weise. Sei wohlwollend, dir selbst und anderen gegenüber, dann wirst auch du mehr Wohlwollen von anderen erfahren.

MIT KRAFTTIER AMSEL SCHAMANISCH ZUSAMMENARBEITEN

Mit Krafttier Amsel kann man lernen, sein Ego nicht mehr so wichtig zu nehmen. Wenn du zum Beispiel anderen hilfst, tu es, weil es richtig ist, und nicht, weil du dich dann damit brüsten kannst. Krafttier Amsel kann dir außerdem helfen, deinen inneren Ruhepol zu finden und diesen zu stärken.

KRAFTTIER

ANTILOPE

Die Essenz: *Lebensbejahung – Dankbarkeit – Schönheit*

DIE EIGENSCHAFTEN VON KRAFTTIER ANTILOPE

Krafttier Antilope ist sehr ruhig und fein in seiner Art. Es hat es nicht nötig, aktiv aufzufallen, denn es glänzt einfach durch seine natürliche Schönheit. Es strahlt pure Dankbarkeit dem Leben gegenüber aus.

WAS ES BEDEUTEN KANN, WENN KRAFTTIER ANTILOPE BEI DIR AUFTAUCHT

Krafttier Antilope ist oft Überbringer folgender Anregung: *„Dankbarkeit ist der Schlüssel für ein glückliches Leben. Dankbarkeit ist der Schlüssel für innere Balance. Dankbarkeit ist der Schlüssel für alles, was du dir erträumen kannst. Fehlt es an Dankbarkeit, wird alles viel schwerer."* Krafttier Antilope zeigt sich oft, wenn jemand vergessen hat, dankbar zu sein für all das, was er hat. Man muss natürlich nicht dankbar sein. Aber wenn man es ist, wird alles leichter. Man kommt zur Ruhe. Krafttier Antilope will dich dazu anregen, deine Talente zu nutzen und diese mit der Welt zu teilen. Du kannst etwas auf eine einzigartige Weise, nämlich auf deine Weise. Andere können es so nicht: *„Erkenne, was du alles hast und was dir möglich ist. Sag ‚Ja' dazu und nutze, was dir gegeben ist."*

MIT KRAFTTIER ANTILOPE SCHAMANISCH ZUSAMMENARBEITEN

Wenn du das Gefühl hast, weit weg von deiner Natürlichkeit gekommen zu sein, dann bitte Krafttier Antilope, dir zu helfen, wieder zu ihr zurückzukehren.

KRAFTTIER

BÄR

Die Essenz: *Selbstreflexion – Pflanzenwissen – Verbindungen schaffen*

MEINE ERFAHRUNGEN MIT KRAFTTIER BÄR

Krafttier Bär hat mich besonders in den ersten Jahren meiner beruflichen Selbstständigkeit als schamanischer Geistheiler unterstützt. Es hat mich bei Ritualen in den Wäldern begleitet und mich sehr viel über das Wirken des Waldes und seine Kräfte gelehrt. Einige der Inhalte aus meinem Natur-Rituale-Seminar gehen auf diese Zeit und auf die Lehren von Krafttier Bär zurück.

DIE EIGENSCHAFTEN VON KRAFTTIER BÄR

Krafttier Bär hat eine reflektierte Präsenz, mit der es Menschen dazu anregt, über sich selbst nachzudenken. Seine Präsenz regt dazu an, noch mal genauer über etwas nachzudenken, bevor man etwas tut. Krafttier Bär deutet oft darauf hin, dass es einen guten Plan braucht, denn dann hat die Handlung mehr Kraft. Das gilt auch für schamanische Rituale. Krafttier Bär hat eine starke Verbundenheit zur Pflanzenwelt. Es kann den Pflanzeninteressierten noch mal eine ganz andere Sichtweise auf die magischen Aspekte von Pflanzen eröffnen. Wenn man sich eine Weile mit Krafttier Bär angefreundet hat, hat man in der Regel einen Freund fürs Leben. Es ist außen stark und innen ganz sensibel.

WAS ES BEDEUTEN KANN, WENN KRAFTTIER BÄR BEI DIR AUFTAUCHT

Wenn du dich intensiv mit Heilpflanzenkunde oder mit Räucherritualen beschäftigst, wundere dich nicht, wenn Krafttier Bär bei dir auftaucht. Das muss nicht sein, wäre aber auch nicht verwunderlich. Lade es dann einfach mal ein mitzumachen und schau, was passiert. Sein Auftauchen kann aber auch ein Hinweis darauf sein, sich mit diesen Themen intensiv zu beschäftigen. Krafttier Bär will oft dazu anregen, sich selbst zu reflektieren. Wir sollten verstehen, warum wir so sind, wie wir sind, und handeln, wie wir handeln. Wenn wir etwas Wichtiges vorhaben, sollten wir uns einen genauen Plan machen, bevor wir zur Tat schreiten. Das kann uns einiges an Problemen ersparen. Wir sollten außerdem darüber nachdenken, ob in unserem Leben alles sinnvoll zusammenwirkt. Wenn nicht, warum nicht? Was ist unser Plan, um das zu ändern?

MIT KRAFTTIER BÄR SCHAMANISCH ZUSAMMENARBEITEN

Wenn du eine Qualität bei einer schamanischen Arbeit brauchst, die „so richtig reinhauen soll“, dann ist Krafttier Bär ein guter Ansprechpartner. Es wird sich aber nur an deinem Vorhaben beteiligen, wenn du eine heilsame Absicht hast und es für alle Beteiligten eine gute Sache ist. Ansonsten wirst du es nicht für dich gewinnen können. Wenn du mit Pflanzenkräften schamanisch arbeitest, lass dich dabei von ihm führen. Es kann auch gut dabei unterstützen, verschiedene Kräfte sinnvoll zusammenwirken zu lassen.

KRAFTTIER

BRAUNBÄR

Die Essenz: Ruhe – Kraft – Fürsorglichkeit

WAS ES BEDEUTEN KANN, WENN KRAFTTIER BRAUNBÄR BEI DIR AUFTAUCHT

„In der Ruhe liegt die Kraft." Das ist der Leitsatz von Krafttier Braunbär. Es taucht bei dir auf, wenn du Fürsorge brauchst, für dich. Es ist aber auch dann da, wenn du andere versorgst und dabei Unterstützung brauchst. Seine Botschaft an dich lautet dabei: *„Nur wenn du dir genügend Ruhe gönnst, hast du Kraft, um deine Aufgaben zu meistern."* Krafttier Braunbär lehrt uns, dass wir nicht nur durch aktives Handeln lernen können, sondern auch durch Ausruhen: *„In tiefer Ruhe sind viele wichtige Erkenntnisse verborgen. Ich helfe dir gerne, diese zu entdecken, wenn du bereit bist, in die Ruhe einzutauchen."*

KRAFTTIER

EISBÄR

Die Essenz: *Logik – Vernunft – Kreisläufe*

WAS ES BEDEUTEN KANN, WENN KRAFTTIER EISBÄR BEI DIR AUFTAUCHT

Krafttier Eisbär kann sich bei dir wie folgt vorstellen: *„Ich bin der Logiker unter den Krafttieren. Alles, was ich tue, muss eine bestimmte Logik beinhalten, sonst tue ich es nicht.“* Von Krafttier Eisbär kann man außerdem viel über Vernunft lernen: *„Vernunft ist nicht die reine Benutzung des Verstandes. Vernunft kommt von innen, von deiner Seele. Vernunft denkt nicht nach. Vernunft ergibt sich aus dem, was da ist. Vernunft ist immer sehr offensichtlich. Die große Kunst ist, diese zu erkennen und auch danach zu handeln.“* Krafttier Eisbär taucht auch dann bei dir auf, wenn du noch nicht verstanden hast, dass das ganze Leben in Kreisläufen abläuft, in ganz kleinen, aber auch in ganz großen. Und mittendrin, da bist du: *„Erkennst du die immer wiederkehrenden Dinge in deinem Leben? Das sind deine Kreisläufe! Alles kehrt immer wieder, so lange, bis du es erkannt hast. Und dann kommt etwas Neues auf dich zu. Also sei bereit für das ultimative Abenteuer: die ewigen Kreisläufe.“*

KRAFTTIER

GRIZZLYBÄR

Die Essenz: Vorurteile – Lasten tragen – Das rechte Maß finden

WAS ES BEDEUTEN KANN, WENN KRAFTTIER GRIZZLYBÄR BEI DIR AUFTAUCHT

Krafttier Grizzlybär kann sich dir mit folgender Botschaft vorstellen: *„Ich wirke groß und gefährlich, bin aber zum Knuddeln. Ich bin ein ganz Lieber. Lerne mich erst mal kennen, bevor du dir ein Urteil über mich erlaubst."* Krafttier Grizzlybär hilft dir dabei, besser mit Vorurteilen umzugehen. Vielleicht hast du selbst einige, vielleicht haben andere Vorurteile dir gegenüber. In beiden Fällen sind das Hindernisse für ein glücklicheres Leben. Wenn du schwer zu tragen hast, hilft dir Krafttier Grizzlybär außerdem sehr gerne, indem es dir etwas abnimmt. Sein Credo ist: *„Man muss nicht immer alles ertragen. Man kann auch mal ‚Nein' sagen. Du bist nicht mehr wert, wenn du dir mehr aufbürdest."*
Krafttier Grizzlybär ermutigt dich dazu, das rechte Maß zu finden. Denn alles im Übermaß raubt dir Energie: *„Man könnte meinen, dass es einem besonders gut gehen müsste, wenn man zu viel von etwas hat. Nein, das raubt dir deine Energie."*

KRAFTTIER

KOALABÄR

Die Essenz: *Weichsein – Anmut – Chillen*

WAS ES BEDEUTEN KANN, WENN KRAFTTIER KOALABÄR BEI DIR AUFTAUCHT

Krafttier Koalabär wirkt, als wäre es immer in völliger Ruhe. Wenn es bei dir auftaucht, will es dir vielleicht genau das vermitteln: Chill mal eine Runde.

Auch über das Thema Anmut, also frei interpretiert der Mut, sich anzunehmen, hat Krafttier Koalabär so einiges zu sagen: *„Wahre Anmut kann man nicht trainieren. Sie ist da, wenn man das wahre Selbst einfach da sein lässt. Wenn du immer an dir herummäkelst, was dir an dir passt und was nicht, dann wirkt das auch auf andere. Sie werden dir dann all das bestätigen. Wahre Anmut ist da, wenn du dich so annimmst, wie du bist.“* Krafttier Koalabär hat eine besondere Weichheit. Es vermittelt ein Gefühl von „innen stabil und außen flexibel“. Vielleicht geht es bei dir darum, genau so eine Qualität zu entwickeln. Sei außen anpassungsfähig, aber behalte innen deinen festen Kern.

PANDABÄR

Die Essenz: *Glücklich sein – Ja-Sagen – Hungergefühle*

WAS ES BEDEUTEN KANN, WENN KRAFTTIER PANDABÄR BEI DIR AUFTAUCHT

Krafttier Pandabär kann bei dir mit folgender Botschaft auftauchen: *„Manche Menschen sind hungrig nach Dingen, die sie gar nicht essen können. Hier will jemand viel Geld besitzen, weiß aber nicht, was genau er damit anfangen möchte. Dort möchte jemand eine glückliche Beziehung haben, ist aber nicht bereit, seine Verletzlichkeit zu zeigen. Wie soll das gehen?"* Krafttier Pandabär hat uns Menschen wohl sehr lange studiert und hat das Rezept für unser Glück gefunden. Leider lässt es sich nicht allgemein in Worten ausdrücken. Wenn Krafttier Pandabär bei dir auftaucht, bist du aber bereit, dieses Geheimnis für dich zu lüften. Ein Schlüssel zum Glück ist das Ja-Sagen, denn: *„Wer Widerstände gegen das Leben hat, wird nie glücklich sein können."*

WASCHBÄR

Die Essenz: *Achtsamkeit – Genaue Planung – Wegfinder*

WAS ES BEDEUTEN KANN, WENN KRAFTTIER WASCHBÄR BEI DIR AUFTAUCHT

Krafttier Waschbär möchte dich darauf hinweisen, dass du vielleicht etwas zu unachtsam bist oder warst. Plane vorab genau die einzelnen Schritte hin zu deinem Ziel. Bist du dann aber auf dem Weg, gehe es locker an. Setze dich dann auch mal hin und ruhe dich aus. Denn du kennst ja bereits die weiteren Schritte und brauchst dich um sie nicht mehr zu sorgen. So verpasst du auch nicht die schönen Dinge auf dem Weg. Krafttier Waschbär möchte dir mit seinem Erscheinen sagen: *„Genaue Planung schafft Ruhe und Raum für Genuss."* Es kann außerdem dabei helfen, den eigenen Geschmack herauszufinden oder zu verfeinern und mehr als nur das Offensichtliche sehen zu lernen. Wenn du ein schamanisches Ritual durchführen möchtest, kann dich Krafttier Waschbär bei der Planung unterstützen. Wenn jemand auf der Stelle steht und nicht weiß, wie der weitere Weg ist, zeigt sich Krafttier Waschbär oft besonders auffällig. Es schickt dann gerne Hinweise in den Alltag, um mögliche weitere Wege aufzuzeigen. Daher ist Krafttier Waschbär ein guter Wegfinder.

KRAFTTIER

BLINDSCHLEICHE

Die Essenz: *Erdkraft – Mutterschoß – Unterbewusstsein*

DIE EIGENSCHAFTEN VON KRAFTTIER BLINDSCHLEICHE

Krafttier Blindschleiche ist sehr stark mit dem Planeten Erde verbunden. Es taucht tief in den Geist der Erde ein. Dort entdeckt es Vergessenes und Unbewusstes und bringt dieses an die Oberfläche, wenn die Zeit dafür reif ist. Man könnte auch sagen, dass Krafttier Blindschleiche ein Helfer für das Unterbewusstsein der Erde ist.

WAS ES BEDEUTEN KANN, WENN KRAFTTIER BLINDSCHLEICHE BEI DIR AUFTAUCHT

Wenn in deinem Unterbewusstsein etwas schlummert, das dich von dort aus ungünstig beeinflusst, dann taucht Krafttier Blindschleiche auf, um dir zu helfen, dir dies bewusst zu machen. Ist es dir bewusst, verliert es seine Macht über dich. Krafttier Blindschleiche möchte uns Menschen daran erinnern, dass wir weit mehr sind als das, was wir im Alltag erleben. Unser Alltag macht aus seiner Sicht nur 0,0001 % des Menschseins aus. Alles andere wartet darauf, von der Menschheit entdeckt zu werden: *„Dort wartet ein riesiges Abenteuer auf dich."*

MIT KRAFTTIER BLINDSCHLEICHE SCHAMANISCH ZUSAMMENARBEITEN

Wenn du gerne deine eigenen unbewussten Tiefen erforschen möchtest, ist Krafttier Blindschleiche ein enorm guter Führer. Wenn du dich mit dem Geist der Erde verbinden möchtest, bitte Krafttier Blindschleiche um Hilfe.

KRAFTTIER

BIENE

Die Essenz: *Lebensfreude – Dankbarkeit – Inneres Licht*

DIE EIGENSCHAFTEN VON KRAFTTIER BIENE

Das Motto von Krafttier Biene ist: *„Lebensfreude beginnt mit Dankbarkeit. Sie ist ohne Dankbarkeit nicht möglich."* Krafttier Biene ist sehr mit der Sonne in Resonanz, auch mit der Idee, dass da etwas Größeres ist, das einen am Leben erhält, sich um einen kümmert, ein Licht, das einem immer den Weg zeigt, wenn man gelernt hat, hinzusehen.

WAS ES BEDEUTEN KANN, WENN KRAFTTIER BIENE BEI DIR AUFTAUCHT

Krafttier Biene verbreitet gerne die Botschaft, dass jeder eine Art Sonne, ein Lebensspender, ein Licht ist. Es ist davon überzeugt, dass auch du ein solches Licht in dir trägst und wie eine Sonne ständig spirituelles Licht ausstrahlst. Damit erhellst du das Leben. Und auch andere tun das, einfach so. Jeder ist mit seinem inneren Leuchten für jeden da. Im Alltag scheint das keine große Rolle zu spielen. Der Alltag ist oft zu geschäftig dafür. Wenn wir mehr und mehr unser inneres Licht erkennen und dankbar dafür sind, dass wir eine solche Sonne sind, dann ist sogleich auch mehr Lebensfreude da. Wenn du Schwierigkeiten damit hast, deinen Körper mit anderen Körpern sprechen zu lassen, dann meldet sich vielleicht deshalb Krafttier Biene bei dir. Es geht dabei um deine Sexualität und um Körpersprache im Allgemeinen. Die Körper sprechen ständig miteinander. Und dein Körper spricht auch ständig mit dir. Krafttier Biene möchte dich ermutigen, den Körpern zuzuhören, wenn sie sprechen, und auf die innere Sonne zu achten, die in jedem Lebewesen scheint.

MIT KRAFTTIER BIENE SCHAMANISCH ZUSAMMENARBEITEN

Wenn du dich Krafttier Biene annähern möchtest, tanze mit ihm. Damit sind keine bestimmten Tanzschritte gemeint, die man in Tanzkursen lernen kann, sondern intuitive Bewegungen. Lass deinen Körper mit Krafttier Biene interagieren und schalte den Verstand aus. Lade Krafttier Biene ein, deinen Körper zu bewegen, und dann lass zu, dass dein Körper mit Krafttier Biene tanzt.

KRAFTTIER

BUCHFINK

Die Essenz: *Zielstrebigkeit – Einsatzbereitschaft – Schnelle Hilfe*

DIE EIGENSCHAFTEN VON KRAFTTIER BUCHFINK

Krafttier Buchfink ist von der schnellen Sorte. Wenn etwas schnell gehen soll oder muss, ist es zur Stelle. Krafttier Buchfink wirkt daher etwas unruhig. Es kann Situationen sehr schnell einschätzen und findet sehr schnell heraus, was getan werden muss. Während der eine oder andere noch nachdenkt, ist Krafttier Buchfink bereits am Ziel.

WAS ES BEDEUTEN KANN, WENN KRAFTTIER BUCHFINK BEI DIR AUFTAUCHT

Wenn sich Krafttier Buchfink bei dir zeigt, dann deshalb, weil du nicht schnell genug bist. Irgendetwas in deinem Leben braucht dringend deine Aufmerksamkeit und sollte schnell erledigt werden. Denn diese Sache blockiert deinen weiteren Weg immens. Das ist die Hauptbotschaft von Krafttier Buchfink. Wenn es aber eine ganze Weile schon an deiner Seite ist, dann vermutlich deshalb, weil du ein guter Problemlöser bist oder sein könntest. Krafttier Buchfink unterstützt gerne die Menschen, die schnell vorankommen wollen.

MIT KRAFTTIER BUCHFINK SCHAMANISCH ZUSAMMENARBEITEN

Wenn einmal etwas schnell gehen soll, bitte Krafttier Buchfink um seine Mitwirkung. Es kann die Sache ganz einfach beschleunigen. Beachte aber, dass, wenn etwas wirklich Zeit braucht, auch Krafttier Buchfink daran nichts ändern kann.

BUNTSPECHT

Die Essenz: *Großartigkeit – Veränderungen – Herzensweg*

MEINE ERFAHRUNGEN MIT KRAFTTIER BUNTSPECHT

Krafttier Buntspecht hatte ich lange nicht auf dem Schirm, bis ich eines Tages immer wieder mal einen Buntspecht im Wald hörte und sah. Krafttier Buntspecht kündigte mir eine größere Veränderung im Leben an. Es ging darum, meine schamanische Lehrweise auf ein neues Level zu heben. Ich hatte das lange vorbereitet und nun war es an der Zeit, es umzusetzen. Krafttier Buntspecht begleitet mich bis heute. Dafür bin ich ihm sehr dankbar.

DIE EIGENSCHAFTEN VON KRAFTTIER BUNTSPECHT

Krafttier Buntspecht steht für die großen Dinge im Leben. *„Wenn etwas getan werden muss, dann so richtig"*, das ist sein Motto. Hin und wieder ist es Zeit für größere Veränderungen, ob man will oder nicht. Ob es unangenehm wird oder angenehm, spielt für Krafttier Buntspecht keine Rolle, Hauptsache, es verändert sich etwas grundlegend. Krafttier Buntspecht hat eine Affinität zu Großartigkeit, in jeglichem Sinne. Es hat eine große Liebe zu denen, die sich wirklich zeigen wollen, wie sie sind, und treu ihrem Weg folgen wollen.

WAS ES BEDEUTEN KANN, WENN KRAFTTIER BUNTSPECHT BEI DIR AUFTAUCHT

Wenn Krafttier Buntspecht bei dir auftaucht, stehen (größere) Lebensveränderungen an. Diese können äußerlich und sehr sichtbar sein oder auch innerlich und eher subtil. Es kann dich darauf hinweisen, dass vieles im Hintergrund schon feststeht, manches aber noch beachtet werden muss. Krafttier Buntspecht gibt dir den Rat, auf deine Lebensgrundlage zu achten, darauf, was wichtig für dich ist, dann wird alles gut, auch wenn es nicht danach aussieht. Folge treu deinem Herzensweg, dann ist immer für dich gesorgt. Und wenn es dafür wichtig ist, Altes loszulassen, dann tu das. Vergiss nicht, das Neue zu begrüßen, sonst kann es sein, dass es sich nicht eingeladen fühlt. Eine (Neu-)Geburt ist etwas Schönes. Freunde dich mit dem Leben an.

MIT KRAFTTIER BUNTSPECHT SCHAMANISCH ZUSAMMENARBEITEN

Wenn du grundlegend eine Veränderung im Leben vornehmen möchtest, ist Krafttier Buntspecht ein prima Helfer. Auch wenn du alte, unverarbeitete Erlebnisse nach oben holen möchtest, um sie endlich zu befreien (im Rahmen einer Psychotherapie), bitte es um Hilfe. Krafttier Buntspecht ist auch ein guter Lehrer für Meditation, da das So-Sein ihm sehr vertraut ist.

KRAFTTIER

BUSSARD

***Die Essenz:** Selbstbestärkung – Selbstannahme – Selbstverwirklichung*

MEINE ERFAHRUNGEN MIT KRAFTTIER BUSSARD

Krafttier Bussard meldet sich bei mir ab und zu, besonders, wenn ich kurz davor bin, etwas Wichtiges zu übersehen.

DIE EIGENSCHAFTEN VON KRAFTTIER BUSSARD

Krafttier Bussard hat eine natürliche Stärke, die aus der Ruhe kommt. Von ihm strahlt eine verwirklichte Kraft aus. Geht man mit ihm in Resonanz, wird man daran erinnert, wo man verletzt ist und wo man innere Ressourcen hat. Sein Motto ist: *„Es ist immer gut, an sich zu glauben, egal, was andere sagen."*

WAS ES BEDEUTEN KANN, WENN KRAFTTIER BUSSARD BEI DIR AUFTAUCHT

Wenn sich Krafttier Bussard bei dir meldet, dann möchte es dich oft darauf hinweisen, dass du in dein Inneres gehen und dich so annehmen solltest, wie du bist. Daraus resultiert innere Stärke. Äußere Stärke kann aufgebaut werden und auch wieder verfallen. Innere Stärke ist einfach dann da, wenn du dich annimmst. Sie wartet nur darauf, sich zeigen zu dürfen. Probiere nicht, dich zu ändern, sondern nimm dich an, wie du einfach bist. Das ist Selbstbestärkung. Krafttier Bussard möchte dich bestärken, die Dinge anzunehmen und verletzt zu sein. Denn dann kannst du erst darüber mit Vertrauten sprechen und in die Heilung gehen. Solange du deine Verletzungen verdrängst, bestärkst du sie umso mehr. Gestehe dir ein, dass du Hilfe brauchst. Dann kannst du Hilfe bekommen. Krafttier Bussard taucht auch gerne auf, wenn man sich selbst aufgegeben hat oder kurz davor ist. Wenn dir etwas wirklich wichtig ist, dann bleib dran und verwirkliche dich.

MIT KRAFTTIER BUSSARD SCHAMANISCH ZUSAMMENARBEITEN

Wenn du deine natürliche innere Stärke entdecken möchtest, bitte Krafttier Bussard um Rat und Unterstützung.

KRAFTTIER

BÜFFEL

Die Essenz: Weiblichkeit – Freiheit – Feminismus

MEINE ERFAHRUNGEN MIT KRAFTTIER BÜFFEL

Ich hatte einmal bei einer Einzelsitzung ein eindrückliches Erlebnis mit Krafttier Büffel. Eine Klientin wurde von Krafttier Büffel begleitet. Ihr Thema war, dass ihre Weiblichkeit blockiert war. Sie wirkte sehr weiblich, aber irgendwie hatte sie selbst keinen Zugang dazu. Krafttier Büffel hat mir dabei geholfen, ihre weibliche Kraft zu befreien. Ein spannender geschichtlicher Zusammenhang ist, dass die patriarchalen Westeuropäer damals in Amerika die Büffelherden einfach so ausgerottet haben.

DIE EIGENSCHAFTEN VON KRAFTTIER BÜFFEL

Krafttier Büffel schwingt sehr weiblich. Damit ist nicht das kulturelle Frausein gemeint, sondern die archetypische Weiblichkeit. Es steht dafür ein, die eigene Andersartigkeit zu leben, das Männliche mit dem Weiblichen in Einklang zu bringen und herauszufinden, was Weiblichkeit bedeutet. Und das kann für jeden etwas anderes sein. Ganz nach dem Motto: *„Sei mutig, frei zu sein. Und dann sei anderen ein Vorbild damit."*

WAS ES BEDEUTEN KANN, WENN KRAFTTIER BÜFFEL BEI DIR AUFTAUCHT

Egal, ob du Mann, Frau, beides, etwas dazwischen, etwas drumherum, außerhalb davon oder keins davon bist, du hast Weiblichkeit und Männlichkeit in dir, aufgrund der menschlichen Biologie. Krafttier Büffel taucht gerne dann auf, wenn du noch keinen Weg gefunden hast, mit beidem oder einem davon in Harmonie zu sein. Es zeigt die (zu) festen Rollenbilder auf und inspiriert zu eigenen, freien Ansichten zum Thema Geschlecht. Für jeden darf Mannsein und Frausein etwas anderes bedeuten. Gönne dir die Freiheit, es dir auszusuchen, wie du dazu stehen möchtest. Wenn du ein Vorbild in Sachen Weiblichkeit sein möchtest oder bist, dann wirst du damit sehr wahrscheinlich die Kraft des Büffels zu dir einladen.

MIT KRAFTTIER BÜFFEL SCHAMANISCH ZUSAMMENARBEITEN

Krafttier Büffel kann dir helfen, mit deinen tieferen weiblichen Anteilen in Kontakt zu treten, deine weibliche Stimme zu Wort kommen zu lassen, ihr Raum in dir zu geben, dich zu zeigen in der Welt. Bei Ritualen, bei denen es darum geht, die weibliche Kraft zu befreien, ist Krafttier Büffel sehr gerne mit anwesend. Auch wenn es darum geht, sich vom (längst überholten) patriarchalen Weltbild zu befreien. Feminist*innen finden in Krafttier Büffel einen machtvollen Verbündeten.

KRAFTTIER

CHAMÄLEON

Die Essenz: *Einfallsreichtum – Unternehmertum – Fairer Austausch*

DIE EIGENSCHAFTEN VON KRAFTTIER CHAMÄLEON

Krafttier Chamäleon ist ein Lebenskünstler. Es findet immer für alles einen passenden Weg. Und wenn etwas nicht passt, wird es passend gemacht. Krafttier Chamäleon zeichnet sich durch diese Weisheit aus: *„Von nichts kommt nichts. Alles muss aus irgendetwas aufgebaut werden. Und das braucht Energie und Zeit. Du bist nie alleine. Du brauchst immer mal jemanden. Achte daher darauf, dass es fair zugeht."*

WAS ES BEDEUTEN KANN, WENN KRAFTTIER CHAMÄLEON BEI DIR AUFTAUCHT

Krafttier Chamäleon zeigt sich sehr gerne bei Menschen, die gute Einfälle haben und einen Weg suchen, diese in die Tat umzusetzen. Es weiß oft im Voraus, ob Dinge funktionieren oder nicht und wie sich etwas entwickeln wird. Krafttier Chamäleon kann dir das Gespür verleihen, zu wissen, auf was du besonders aufpassen solltest. Wo sind mögliche Engpässe? Wo muss man etwas Puffer einplanen? Krafttier Chamäleon taucht auch bei dir auf, wenn du nicht darauf geachtet hast, dass du bekommen hast, was dir zusteht: *„Fordere ein, was deins ist. Tust du es nicht, bekommen es andere. Willst du das? Ist dir das egal? Wenn es dir egal ist, dann sagst du dir selbst, dass du weniger wichtig bist als andere. Und deine Welt übersieht dich dadurch immer mehr. Ändere deine Haltung. Du bist wichtig! Und es ist wichtig, dass du bekommst, was dir zusteht. Also hol es dir."*

MIT KRAFTTIER CHAMÄLEON SCHAMANISCH ZUSAMMENARBEITEN

Wenn du mit Krafttier Chamäleon schamanisch arbeitest, dann wird es sehr darauf achten, dass es dir gut geht. Gibst du ihm etwas, wird es auf jeden Fall mindestens gleich viel zurückgeben. Schenkst du ihm zum Beispiel ein Räucherstäbchen, wird es dir sofort auch etwas Gutes tun.

KRAFTTIER

DACHS

***Die Essenz:** Weisheit – Philosophie – Denken*

DIE EIGENSCHAFTEN VON KRAFTTIER DACHS

„Nutze das Chaos, um die Ordnung zu erkennen." Das ist einer der Leitsprüche von Krafttier Dachs. Krafttier Dachs ist generell ein weiser Denker. Ihm ist es wichtig, viel nachzudenken, um auszuschließen, was ausgeschlossen werden kann. Und das, was übrig bleibt, ist die Essenz, das wirklich Wichtige. Damit man aber nichts übersieht, muss man sich in das große Chaos stürzen, denn dort ist alles enthalten. Ordnung ist immer willkürlich. Krafttier Dachs bringt zum Ausdruck: *„Wer viel denkt und den Verstand seinen Freund nennt, hat einen Freund in mir."*

WAS ES BEDEUTEN KANN, WENN KRAFTTIER DACHS BEI DIR AUFTAUCHT

„Nutze dein Werkzeug Verstand. Lerne, klar und fokussiert zu denken." Das ist ein häufiger Hinweis, den Krafttier Dachs gibt. Es hilft gerne dabei, herausfinden, was wirklich wichtig ist. Es kann dir auch dabei helfen, klar und zielgerichtet zu denken. Es kann aber auch sein, dass Krafttier Dachs dich vor einer unguten Entscheidung warnen möchte. Denke noch mal darüber nach. Denke auch an die Konsequenzen, die sich aus deinem Handeln ergeben können. Vielleicht möchte dir gerade jemand auch etwas Ungutes. Krafttier Dachs macht auch gerne darauf aufmerksam.

MIT KRAFTTIER DACHS SCHAMANISCH ZUSAMMENARBEITEN

Wenn du zu viel grübelst, zu viele oder negative Gedanken hast, kannst du Krafttier Dachs um Hilfe bitten. Wenn du eine wichtige Entscheidung zu treffen hast und vorab gerne alles geklärt haben möchtest, frage es um Rat.

KRAFTTIER

DELFIN

Die Essenz: *Freude – Leichtigkeit – Verspieltsein*

MEINE ERFAHRUNGEN MIT KRAFTTIER DELFIN

Ich erlebe Krafttier Delfin immer als sehr quirlig und anregend.

DIE EIGENSCHAFTEN VON KRAFTTIER DELFIN

Krafttier Delfin beschäftigt sich viel mit den Quellen für Freude: Was sind die Gründe, sich zu freuen? Braucht es einen Grund, um sich zu freuen? Oder ist es einfach eine Entscheidung, Freude zuzulassen? Krafttier Delfin ist Experte für Freude. Es stellt immer wieder die Frage: Was ist Freude? Krafttier Delfin macht das Leben zu einem Spiel. Und selbst, wenn es mal kein Spiel zu sein scheint, sucht es nach Möglichkeiten, doch ein Spiel daraus zu machen.

WAS ES BEDEUTEN KANN, WENN KRAFTTIER DELFIN BEI DIR AUFTAUCHT

Wenn Krafttier Delfin bei dir auftaucht, solltest du dir Folgendes vielleicht einmal genauer zu Herzen nehmen: Wie oft sieht man eher die Dinge, die es einem schwermachen, obwohl genügend Dinge da sind, die es einem leichter machen könnten? Wie kannst du dir etwas leicht machen, auch wenn es schwer ist beziehungsweise scheint? Oft stellt sich hinterher auch heraus, dass es gar nicht so schwer war, sondern nur so gewirkt hat. Hättest du davor schon gesehen, dass da eine Menge Leichtigkeit auf dich wartet, wärst du locker und freudig darauf zumarschiert. Taucht Krafttier Delfin bei dir auf, möchte es in der Regel zeigen, wie schön und leicht alles sein kann. Man hat selbst in der Hand, wie man etwas sieht. Und es gibt immer genügend Gründe, sich zu freuen. Vergiss nicht, zu spielen. Während Krafttier Wal das Spirituelle und Mystische betrachtet, wendet sich Krafttier Delfin eher dem Spaß im Alltag zu.

MIT KRAFTTIER DELFIN SCHAMANISCH ZUSAMMENARBEITEN

Bei der schamanischen Arbeit kann Krafttier Delfin helfen, Ernsthaftigkeit etwas aufzulockern, zum Beispiel in einer Sitzung oder einem Seminar oder wenn das Thema, um das es gerade geht, zu ernst ist. Wenn man zu verbissen ist und etwas unbedingt will, dann kann das auch die Wirkung eines Rituals blockieren. Da braucht es dann mehr Leichtigkeit. Krafttier Delfin hilft dabei, loszulassen und abzuwarten, damit die Wirkung sich frei entfalten kann. Bei Trance-Reisen ist Krafttier Delfin ein guter Führer im Wasser. Es hilft gerne dabei, emotionale Welten zu erkunden und sich besonders die positiven Emotionen bewusst zu machen.

KRAFTTIER

DRACHE

Die Essenz: *Magie des Lebens – Realitätssteuerung – Erleuchtung*

MEINE ERFAHRUNGEN MIT KRAFTTIER DRACHE

Ich habe Krafttier Drache vor allem durch Feng Shui kennengelernt. In der Lehre des Feng Shui regiert der Drache das Element Holz. Es lenkt die Energie und fördert Wachstum. Nachdem ich gelernt hatte, schamanisch mit nichtalltäglichen Wesen zusammenzuarbeiten, habe ich natürlich auch Krafttier Drache kontaktiert und viel von ihm gelernt. Unter anderem hat es mir immer wieder gezeigt, dass nichts so ist, wie es scheint. Und es hat mir sehr geholfen, mit meiner schamanischen Berufung so richtig durchzustarten.

DIE EIGENSCHAFTEN VON KRAFTTIER DRACHE

Krafttier Drache zeichnet sich insbesondere durch diese Eigenschaft aus: *„Wir Drachen sind eine eigene Art. Wir sind nicht zum Tierreich zugehörig. Wir sind ganz und gar multidimensional. Was wir sind, geht weit über Irdisches hinaus."* Krafttier Drache ist also im Grunde kein Krafttier, da es sich bei ihm nicht um eine Tierform handelt. Es hat aber seinen Platz hier unter den Krafttieren, da es öfter, genau wie ein Krafttier-Begleiter, bei Menschen auftaucht, um sie im Alltag zu unterstützen. Ich bin Drachen schon öfter auf nichtalltäglichen Bewusstseinsebenen begegnet. Krafttier Drache ist eine Art Hüter von Realität und Struktur. Es sorgt dafür, dass Lebensformen eine Umgebung erleben können. Physikalisch ausgedrückt bedeutet das, dass Krafttier Drache dabei hilft, das Hologramm der Welt aufrechtzuerhalten. Es ist nicht ungewöhnlich, dass Drachen auch durch Haustiere wirken, um einen Menschen eine Zeit lang zu begleiten.

WAS ES BEDEUTEN KANN, WENN KRAFTTIER DRACHE BEI DIR AUFTAUCHT

Wenn ein Drache bei dir auftaucht, dann in der Regel deshalb, weil du wichtige spirituelle Zusammenhänge noch nicht begriffen hast. Es geht um die großen Zusammenhänge des Lebens: Was ist Realität? Was ist Energie? Was ist Bewusstsein? Was ist das Ich? Was ist Erleuchtung? Wie hängt das alles miteinander zusammen? Wenn du auf der Suche nach der Wahrheit bist, dir aber noch ein paar ganz wichtige Puzzleteile fehlen, dann meldet sich Krafttier Drache bei dir: *„Wenn ich auftauche, dann geht es nicht um alltägliche Dinge. Ich verweise gerne auf die nichtalltäglichen Zusammenhänge. Denn diese sind die Grundlage für das, was ihr Alltag nennt. Realität ist nicht so fest und konsistent, wie ihr vielleicht noch denkt. Diese Festigkeit wird rein in eurem Bewusstsein erzeugt. Die Realität ist fließend und ständig im Wandel. Wenn du lernen möchtest, was das bedeutet und wie du auf diesen Wandlungsprozess aktiv zugreifen kannst, dafür bin ich da. Ich helfe sehr gerne. Aber beachte, dass du nur deine Kraft und deine Fähigkeiten entfachen kannst, wenn du dich spirituell entwickelst. Echte Selbsterkenntnis ist die Basis für echte Magie. Alles andere sind nur Zaubertricks des Egos."*

MIT KRAFTTIER DRACHE SCHAMANISCH ZUSAMMENARBEITEN

Krafttier Drache kann dir dabei helfen, deine Realität zu wandeln. Es ist ein Meister der inneren Verwandlung, man könnte auch sagen: Meister der Alchemie. Wenn du deine innere geistige Umgebung änderst, dann änderst du auch deine äußere weltliche Umgebung. Wenn du mehr darüber erfahren möchtest, lass dich von Krafttier Drache lehren.

KRAFTTIER

EICHELHÄHER

Die Essenz: *Entscheidungen – Hier und Jetzt – Zufriedenheit*

DIE EIGENSCHAFTEN VON KRAFTTIER EICHELHÄHER

Krafttier Eichelhäher betrachtet immer alle Seiten einer Medaille und macht gerne darauf aufmerksam, dass man nicht immer eine Entscheidung treffen muss. Man kann manchmal auch einfach unentschlossen bleiben: *„Wahre Zufriedenheit findet nur der, der alles Fragen sein lässt. Zufriedenheit ist eine Entscheidung, die man treffen kann."* Krafttier Eichelhäher verweist mit seiner Präsenz auf den Moment. Denn nur da ist Wirklichkeit.

WAS ES BEDEUTEN KANN, WENN KRAFTTIER EICHELHÄHER BEI DIR AUFTAUCHT

Wenn du zu viel in deinem Kopf zu Hause bist, dann kann es sein, dass du damit Krafttier Eichelhäher zu dir gerufen hast. Es möchte dir dann vermutlich zeigen, dass du auch aus dem Herzen heraus begreifen und entscheiden kannst. Der Kopf kann nichts wissen, er kann nur vorhandene Informationen auswerten. Krafttier Eichelhäher kann dir helfen, wenn du Antworten suchst und scheinbar keine bekommst. Es regt dich dann dazu an, mit dem Fragen aufzuhören. Denn warum muss immer alles beantwortet werden? Was verändert sich dadurch? Bist du dann wirklich zufriedener? Es ermutigt dich, ganz im Hier und Jetzt zu sein, denn das ist alles, was wichtig ist.

MIT KRAFTTIER EICHELHÄHER SCHAMANISCH ZUSAMMENARBEITEN

Wenn du zu denen gehörst, die ständig denken und alles verstehen wollen, aber vor lauter Denken die Gedanken nicht mehr sehen, dann lass dich von Krafttier Eichelhäher per schamanischer Trance-Reise mit in seine Welt nehmen.

KRAFTTIER

EICHHÖRNCHEN

Die Essenz: *Planen und Umsetzen – Sammeln und Verwalten – Pragmatismus*

MEINE ERFAHRUNGEN MIT KRAFTTIER EICHHÖRNCHEN

Krafttier Eichhörnchen hat mir eine Weile lang dabei geholfen, meinen spirituellen Beruf in eine gute Struktur zu bringen. Mich mit einem Beruf zu etablieren, den es so noch nicht gab, war gar nicht so leicht. Krafttier Eichhörnchen hat mich unterstützt, meine Ressourcen geschickt zu verwalten, also Zeit, Energie und Geld. Ich hatte mir jahrelang kaum etwas leisten können, weil ich langfristig geplant hatte. Ich wusste, eines Tages würde sich das alles auszahlen. Aber damals war oft das Geld sehr knapp. Daher war es auch enorm wichtig, „nutzlosen Konsum" zu vermeiden. Krafttier Eichhörnchen hat mir auch öfter eine Vorahnung geschickt, Geld zurückzuhalten, weil es bald dringend gebraucht werden würde oder besser investiert werden könnte.

DIE EIGENSCHAFTEN VON KRAFTTIER EICHHÖRNCHEN

Krafttier Eichhörnchen ist der Meister des Sammelns. Kein anderes Krafttier ist so gut darin. Es geht nicht darum, die Dinge zu horten, sondern zu suchen und zu sammeln. Und alles, was da ist, wird liebend gerne von ihm verwaltet. Alles soll seinen Platz haben und dort optimal seinen Zweck erfüllen. Krafttier Eichhörnchen plant sehr gerne und beschäftigt sich bevorzugt mit allerlei potentiellen Möglichkeiten. Es spielt sie durch und findet dann die besten Vorgehensweisen für alle Beteiligten heraus. Ihm ist Effizienz wichtig. Krafttier Eichhörnchen mag keine Grübelei. Es mag klare Gedanken und Menschen, die bei Entscheidungen nicht zu lange überlegen müssen.

WAS ES BEDEUTEN KANN, WENN KRAFTTIER EICHHÖRNCHEN BEI DIR AUFTAUCHT

Wenn Krafttier Eichhörnchen sich bei dir meldet, dann deshalb, weil du wahrscheinlich verschwenderisch mit etwas bist, mit dem du sorgfältiger umgehen solltest. Vielleicht hast du noch keinen funktionierenden Plan für dich oder du weißt nicht, wo du Ressourcen zur Umsetzung hernehmen sollst. Krafttier Eichhörnchen gibt dabei gerne Inspiration. Hast du an alles Wichtige gedacht oder hast du etwas Wichtiges übersehen? Wo verbrauchst du wichtige Ressourcen und wie kannst du effizienter vorgehen? Was braucht es gerade wirklich und was nicht? Es geht nicht darum, zu sparen, sondern das, was da ist, überlegt einzusetzen.

MIT KRAFTTIER EICHHÖRNCHEN SCHAMANISCH ZUSAMMENARBEITEN

Krafttier Eichhörnchen ist ein guter Helfer bei der Vorbereitung von schamanischen Ritualen, Sitzungen, Vorträgen, Workshops oder Seminaren. Lerne zusammen mit ihm, ressourcenschonender zu arbeiten. Außerdem kann es dabei helfen, herauszufinden, was los ist, wenn irgendwo ein zu fester Knoten sitzt. Krafttier Eichhörnchen kann dir außerdem zeigen, wie du deine wichtigste Ressource weise einsetzt: Zeit.

KRAFTTIER

ELCH

***Die Essenz:** Erfolg – Reichtum – Nostalgie*

MEINE ERFAHRUNGEN MIT KRAFTTIER ELCH

Krafttier Elch ist einer meiner langjährigen Krafttier-Freunde. Vor vielen Jahren brauchte ich dringend einen Nebenjob. Und Krafttier Elch zeigte sich bei mir, um mir zu helfen. Ich sollte schamanisch etwas für ihn erledigen und als Ausgleich wollte es mir einen passenden Job besorgen. Dieser tauchte dann ein paar Tage später auch auf. Da ich damals sehr viel für es gearbeitet habe, habe ich wohl lebenslang ein fettes Plus auf seinem Konto. Jedes Mal, wenn ich Krafttier Elch kontaktiere, sagt es mir, dass ich noch etwas gut bei ihm hätte. Krafttier Elch war auch daran beteiligt, dass ich eine echt schwierige mündliche Heilpraktikerprüfung recht leicht bestehen konnte.

DIE EIGENSCHAFTEN VON KRAFTTIER ELCH

Bei Krafttier Elch geht es um Erfolg in jedweder Hinsicht. Erfolgreich sein, reich an schönen Erfahrungen sein und diese schätzen und den Erfolg auch genießen können, sind seine Themen. Sein Motto lautet: *„Erfolg ist kein Ziel, sondern etwas, das beiläufig ist. Es geht eher darum, standhaft zu sein und dranzubleiben. Mit mir legt sich niemand an, es sei denn, er ist klar im Vorteil. Dann suche ich aber Verbündete."* Stabile, lange Freundschaften sind voll sein Ding. Wenn man sich mit Krafttier Elch einmal angefreundet hat, hat man einen sehr treuen Begleiter an seiner Seite. Krafttier Elch hilft gerne, Prüfungen zu bestehen und Karriere zu machen, Gerechtigkeit zu erwirken, einen passenden Beruf zu finden, die Berufung zu entdecken und zu leben. Krafttier Elch mag es außerdem, schöne Erinnerungen zu aktivieren.

WAS ES BEDEUTEN KANN, WENN KRAFTTIER ELCH BEI DIR AUFTAUCHT

Krafttier Elch taucht oft auf, wenn du dich mit Menschen umgeben hast, die nicht so gut zu dir passen. Es möchte dir dann zeigen, wie du dich mit den richtigen Leuten zusammentun kannst, um stabile Verbindungen zu schaffen, die gut gepflegt werden können. Krafttier Elch ist ein Wink für dich, dass du irgendetwas richtig gemacht hast und auf jeden Fall dranbleiben solltest. Der Erfolg kann nicht ausbleiben, wenn du weitermachst. Aber achte dabei auf die richtigen Menschen in deiner Umgebung.

MIT KRAFTTIER ELCH SCHAMANISCH ZUSAMMENARBEITEN

Mit Krafttier Elch an deiner Seite hast du die Ausstrahlung, jede Prüfung bestehen zu können. Und das wirst du auch, wenn du gut vorbereitet bist. Es hilft dir, erfolgreich zu sein, wenn du deinen Weg gehst. Daher kannst du es immer dann einladen, wenn du vor einer wichtigen beruflichen Herausforderung stehst. Krafttier Elch wird auch dir bestimmt sehr gerne helfen. Achte bei der Arbeit mit ihm auf einen fairen Ausgleich.

KRAFTTIER

ELEFANT

Die Essenz: *Familiensinn – Gegenseitige Unterstützung – Fairness*

MEINE ERFAHRUNGEN MIT KRAFTTIER ELEFANT

Es gab eine Zeit, da hat sich Krafttier Elefant bei mir gemeldet, wenn ich schamanische Rituale für die Erde geplant habe. Es ging dann darum, mir zu zeigen, wie ich mein Herz für die Welt offenhalten, aber trotzdem bei mir bleiben und auf mich achten kann.

DIE EIGENSCHAFTEN VON KRAFTTIER ELEFANT

Krafttier Elefant hat ein großes Herz. Man könnte auch sagen, es hat die Qualität des Herz-Chakras, bei dem es letztlich um bedingungslose Liebe geht. Krafttier Elefant hat einen ausgeprägten Familiensinn. Es geht ihm darum, auf alle in einer Gruppe zu achten, das Große und Ganze im Blick zu halten, sich gegenseitig zu helfen, ohne etwas aufzurechnen, und auf Fairness zu achten: *„Fairness ist wichtig, wenn man sich entwickeln möchte. Wer Fairness vergisst, der verpasst etwas. Menschen können die objektive Fairness oft nicht erblicken, aber ich kann es!"*

WAS ES BEDEUTEN KANN, WENN KRAFTTIER ELEFANT BEI DIR AUFTAUCHT

Krafttier Elefant ist gerne zur Stelle, wenn es jemand schwer hat, sein Herz zu öffnen. Oft sind tiefe Verletzungen, gerade von Seiten der Familie, da. Und ein Herz wird dann eher geschlossen gehalten, um nicht erneut verletzt zu werden. Krafttier Elefant zeigt gerne, dass es Wege gibt, sich wieder für die Liebe zu öffnen, wieder vertrauen zu lernen, wieder Teil des Lebens zu werden. Es muss nur sanft und Schritt für Schritt geschehen. Ein verschlossenes Herz achtet oft nur auf sich und vergisst, dass es in einer Gemeinschaft lebt. Hier wird gegeben und genommen. Wenn du nicht nimmst, kannst du irgendwann auch nicht mehr geben. Und irgendwann wirst du auch nicht mehr bekommen. Öffne dich erneut für das Leben und nimm die Geschenke an, die es dir anbietet

MIT KRAFTTIER ELEFANT SCHAMANISCH ZUSAMMENARBEITEN

Mit Krafttier Elefant kann man sehr gut an Familienthemen arbeiten. Auch wenn man zusammen mit einer größeren Gruppe ein Projekt leitet und es fair zugehen soll, kann Krafttier Elefant sich prima einbringen. Du musst es einfach nur darum bitten. Willst du die Qualitäten deines Herz-Chakras entwickeln, kannst du Krafttier Elefant auch um Hilfe und Unterstützung bitten.

KRAFTTIER

ELSTER

Die Essenz: *Vom Tun ins Sein – Meditation – Humor*

DIE EIGENSCHAFTEN VON KRAFTTIER ELSTER

Krafttier Elster zeichnet sich durch diese Erkenntnis aus: *„Wenn der Mensch sich selbst erkennen möchte, braucht er dafür andere, in denen er sich spiegeln kann. Er spielt also Verstecken mit sich selbst, denn er kann sich nicht unmittelbar durch sich selbst erkennen. Das ist das große Menschenspiel. Das wahre Selbst ist formlos. Es kann nicht erkannt werden. Wenn du nichts tust, bist du das Erkennen selbst."* Krafttier Elster kennt dieses Spiel sehr gut und hat Spaß daran, es bei uns Menschen zu beobachten. Es hat viel Humor und lässt sich absolut nicht festnageln.

WAS ES BEDEUTEN KANN, WENN KRAFTTIER ELSTER BEI DIR AUFTAUCHT

Krafttier Elster zeigt sich gerne, wenn du die großen Fragen des Lebens stellst: Wer bin ich? Wo komme ich her? Wo gehe ich hin? Was ist der Sinn des Lebens? Wie lebe ich ein gutes Leben? Der Verstand ist gewohnt, Fragen zu stellen und Antworten zu bekommen, die in seine vorgefertigten Muster hineinpassen. Wenn eine Antwort da nicht hineinpasst, schafft der Verstand neue Kategorien, macht sie passend oder lässt die Antwort einfach nicht gelten. So fragt er immer weiter bis in die Unendlichkeit. Und genau da ist die Antwort aller Antworten: Wer bis in die Unendlichkeit fragt, bekommt bis in die Unendlichkeit Antworten. Also ein Spiel, das nie endet, solange es gespielt wird. Wenn du einfach nur da bist, ganz im Augenblick, sind alle Antworten da und es gibt nichts zu fragen. Krafttier Elster möchte uns mit auf den Weg geben: *„Wenn du dieses Spiel spielst, dann spiele es mit viel Humor. Ansonsten ist es sehr unbefriedigend."* Krafttier Elster legt dir außerdem nahe, eine Pause zu machen, wenn etwas nicht so recht vorangehen möchte. Oft hilft es, etwas mehr Abstand von einer Sache zu nehmen, um dann wieder so richtig einsteigen zu können.

MIT KRAFTTIER ELSTER SCHAMANISCH ZUSAMMENARBEITEN

Zusammen mit Krafttier Elster kannst du sehr gut vom Tun ins Sein kommen, falls dich das anspricht.

KRAFTTIER

ENTE

Die Essenz: Selbsterkenntnis – Lebensplanung – Weisheit

DIE EIGENSCHAFTEN VON KRAFTTIER ENTE

Krafttier Ente ist sehr weise. Es lernt sehr viel aus Fehlern und bringt wichtige Lebensessenzen auf den Punkt. Krafttier Ente hat eine Qualität, die einem hilft, sich selbst besser verstehen zu können. Es ist wie ein sehr guter Psychotherapeut, der einen einfühlsam paraphrasiert, aber das rein energetisch. Krafttier Ente hat außerdem diese Weisheit für dich: *„Immer, wenn man etwas Wertvolles über sich und das Leben gelernt hat, sollte man das in seine weitere Lebensplanung mit einfließen lassen. Für was hat man sonst gelernt?"*

WAS ES BEDEUTEN KANN, WENN KRAFTTIER ENTE BEI DIR AUFTAUCHT

Krafttier Ente sagt über sich aus: *„Ich zeige mich oft bei Menschen, die es schwer haben, bei sich zu bleiben. Das sind auch die, die sich gerne von sich selbst ablenken und immer ganz beschäftigt sind mit ‚wichtigen' Dingen. Aber was ist wichtiger, als sich selbst kennenzulernen? Wenn du dich selbst nicht kennst, wie willst du dann ein Leben führen, das du magst?"* Krafttier Ente taucht auch dann auf, wenn man in der Lebensplanung ist. Planst du einen beruflichen Wechsel? Einen Umzug? Familie? Eine neue Lebensphilosophie? Krafttier Ente freut sich darüber, dir zur Seite stehen zu können. Es ist auch da, wenn man eine Bestandsaufnahme für das Leben braucht. Ist noch alles so, wie man es haben möchte? Was darf bleiben? Was ist in der Schwebe? Und was fliegt raus?

MIT KRAFTTIER ENTE SCHAMANISCH ZUSAMMENARBEITEN

Krafttier Ente mag es, wenn Menschen meditieren, denn dann sind sie viel mehr oder sogar ganz bei sich. Mit Krafttier Ente kannst du deine meditativen Fähigkeiten neu kennenlernen. Lade es einfach ein, bei deiner nächsten Meditation mit dabei zu sein.

KRAFTTIER

ERDMÄNNCHEN

Die Essenz: *Gemeinschaft – Hilfe annehmen – Kind sein dürfen*

DIE EIGENSCHAFTEN VON KRAFTTIER ERDMÄNNCHEN

Krafttier Erdmännchen wirkt hibbelig und etwas ungeduldig. Es ist lebendig und verspielt. Krafttier Erdmännchen schenkt gerne Energie und einen Rahmen, um Kind sein zu können. Keine Hilfe anzunehmen ist dabei keine Option. Man ist immer in einer Gemeinschaft und alle sollten an einem Strang ziehen. Krafttier Erdmännchen fördert daher immer das Gemeinwohl.

WAS ES BEDEUTEN KANN, WENN KRAFTTIER ERDMÄNNCHEN BEI DIR AUFTAUCHT

Wenn du zu denjenigen gehörst, die denken, dass sie immer alles alleine machen müssen, dann wundere dich nicht, wenn Krafttier Erdmännchen bei dir auftaucht. Es möchte dich dazu ermutigen, um Hilfe zu bitten und diese anzunehmen. Und dir versichern, dass du nicht alleine bist. Es weiß, dass die meisten Menschen sehr gerne helfen, wenn man sie einfach darum bittet. Krafttier Erdmännchen möchte dir mit seinem Auftauchen versichern, dass auch du in einer Gemeinschaft lebst, selbst wenn du dich noch so isoliert fühlst. Krafttier Erdmännchen kann uns ermuntern, wieder Kind zu sein, lebendig, unschuldig und spielend. Dafür braucht es aber einen guten Rahmen, denn das passt natürlich nicht in jeder Situation. Suche dir Gelegenheiten, in denen du Kind sein kannst, und erlaube es dir dann. Das wird dir Kraft und Freude schenken.

MIT KRAFTTIER ERDMÄNNCHEN SCHAMANISCH ZUSAMMENARBEITEN

Mit Krafttier Erdmännchen zusammen kannst du gut herausfinden, was du brauchst, damit du einfach du selbst sein kannst. Wie muss der Rahmen dafür sein? Finde es heraus und erschaffe dir Möglichkeiten dafür in deinem Alltag.

KRAFTTIER

ESEL

Die Essenz: *Eigene Regeln – Rückhalt – Freundschaft*

DIE EIGENSCHAFTEN VON KRAFTTIER ESEL

Krafttier Esel spielt immer nach seinen eigenen Regeln. Es ist zwar ein guter Teamplayer, aber es muss ihm in den Kram passen. Wenn man Krafttier Esel als Freund gewonnen hat, dann hat man einen sehr guten Freund. Es ist dir dann treu und steht dir loyal zur Seite. Es gibt dir Halt und stärkt dir den Rücken.

WAS ES BEDEUTEN KANN, WENN KRAFTTIER ESEL BEI DIR AUFTAUCHT

Krafttier Esel ist sehr verlässlich und immer da, wenn man sonst niemanden hat. Es meldet sich bei dir, wenn du einen guten Freund nötig hast. Einen, der wirklich zu dir hält, der mit dir durch dick und dünn geht. Es ersetzt natürlich keinen Menschen, aber es kann dir in kniffligen Zeiten Rückendeckung geben und dir das Gefühl verleihen, dass du nicht alleine bist. Krafttier Esel empfiehlt dir, dich hinzulegen und die Augen zu schließen, wenn dir einmal alles zu viel wird: *„Spüre den Boden unter dir. Spüre die Erde. Diesen großen Körper, der dich hält und dir alles gibt, was du zum Leben brauchst. Die Erde ist dein bester Freund in dieser Welt, denn sie lässt dich nie im Stich.“*

MIT KRAFTTIER ESEL SCHAMANISCH ZUSAMMENARBEITEN

Mit Krafttier Esel kann man in allen Bereichen sehr gut zusammenarbeiten. Es ist ein treuer Begleiter und steht einfach zu dir.

KRAFTTIER

EULE

Die Essenz: *Natürliches Lernen – Geheimnisse offenbaren – Ins Tun kommen*

MEINE ERFAHRUNGEN MIT KRAFTTIER EULE

Mir hat sich Krafttier Eule einmal sehr eindrücklich im Wald gezeigt. Ich setzte mich auf einen Baumstumpf und kam zur Ruhe. In dem Augenblick, als ich ganz im Hier und Jetzt angekommen war, blickte ich wie ferngesteuert nach oben und vor mir auf dem Baum saßen drei Eulen, die mich ganz genau beobachteten. Ich spürte sofort, dass nicht nur die Eulen mich beäugten. Es war wahrlich ein magischer Moment.

DIE EIGENSCHAFTEN VON KRAFTTIER EULE

Krafttier Eule stellt sich mit diesen Worten vor: *„Ich bin die, die in die Nacht hineinblickt und die Nacht auch sehen kann. Es geht nicht nur darum, zu sehen, was normalerweise verborgen ist, sondern die Verborgenheit an sich zu erkennen. Das geht über die Normalität hinaus. Meine Eigenschaften sind die eines Lehrers, der den Schüler lernen lässt, wie er am besten lernen kann. Je präsenter ich bin, umso mehr bedeutet das, dass mein Schützling freier wird und alleine gelassen wird. Alleine gelassen werden bedeutet aber nicht, dass er alleine ist, sondern, dass er spüren kann, wie es ist, wenn er aus sich selbst heraus die Kraft entwickelt, zu lernen. Lernen um des Lernens Willen ist eine Technik, die ich den Menschen gerne offenbare. Lernen ohne ein Ziel, sondern einfach, weil das Leben nun mal zum Lernen da ist. Darüber nachdenken kann man hinterher, wenn das Lernen beendet ist. Während man lernt, erlebt man einfach nur. Wer da denkt, kann nicht lernen. Mit dem Körper zu lernen, ohne Kopfsachen, ist ein großer Aspekt meiner Tätigkeit mit den Menschen. Weitblick haben, große Ziele verfolgen und die kleinen mit einbeziehen und andere leben zu lassen, wie sie wollen, sind weitere große Themen, bei denen ich gut helfen kann."*

WAS ES BEDEUTEN KANN, WENN KRAFTTIER EULE BEI DIR AUFTAUCHT

Krafttier Eule zeigt dir, wie du so richtig in dein Leben hineinkommst. Solange du darüber nachdenkst, was richtig und wichtig ist, lebst du nicht. Wenn du lebst, lebst du. Darüber nachdenken kannst du hinterher oder zwischendurch. Wer ständig nur grübelt, verpasst das Leben. Krafttier Eule hilft dir, ins Tun zu kommen. Visiere dein Ziel an und lege los. Alles Weitere zeigt sich dann auf dem Weg. Alles, was du je brauchen wirst, ist genau da, wo du jetzt gerade bist. Denn es gibt nur dieses Jetzt und nur daraus kann etwas gemacht werden. So führt eins zum anderen und der geheime Weg offenbart sich, während du ihn beschreitest. So einfach kann es sein.

MIT KRAFTTIER EULE SCHAMANISCH ZUSAMMENARBEITEN

Mit Krafttier Eule zu arbeiten zeigt dir die Großartigkeit des Augenblicks. Er ist da und zugleich nicht da. Immer, wenn man denkt, ist er schon wieder weg, obwohl es nur den Augenblick gibt. Krafttier Eule lehrt auch gerne, wie man die inneren Augen öffnet.

KRAFTTIER

FALKE

Die Essenz: *Nutzen erkennen – Pragmatismus – Lebensfreude*

DIE EIGENSCHAFTEN VON KRAFTTIER FALKE

Krafttier Falke hat ein gutes Auge dafür, was wirklich ein gewünschtes Ergebnis bringt und was nicht. Alles, was zur Erreichung eines Zieles überflüssig ist, ist für Krafttier Falke zum aktuellen Zeitpunkt nicht von Belang. Alles, was jetzt gerade nicht dienlich ist, ist für andere da. Krafttier Falke kommt am liebsten ins Tun und unterstützt dabei auch gerne: *„Meine Freude beziehe ich daraus, wenn ich etwas so praktisch wie möglich umsetzen konnte. Dabei geht mein Herz auf."*

WAS ES BEDEUTEN KANN, WENN KRAFTTIER FALKE BEI DIR AUFTAUCHT

Wenn Krafttier Falke bei dir auftaucht, bist du vielleicht zu verzettelt. Wo ist dein Fokus? Überall? Dann geht es nicht voran. Was bringt dich wirklich voran? Was nicht? Mach doch einmal eine Liste. Krafttier Falke ist ein Fan von To-Do-Listen und Pro- und Kontra-Vergleichen. Es kann aber auch den Hinweis mit sich bringen, dass man irgendwann genug Listen gemacht hat und endlich in die Umsetzung gehen sollte. Hast du alles geplant? Dann geh endlich los. Krafttier Falke möchte dir auch diese Weisheit mit auf den Weg geben: *„Erfolgreich zu sein ist eine individuelle Sache. Jeder wählt selbst, was Erfolg ist und was nicht. Wann ist Erfolg für dich Erfolg? Definiere das für dich. Dann werden alle Wege noch klarer für dich werden. Und du wirst sehen, es macht dann auch mehr Spaß."*

MIT KRAFTTIER FALKE SCHAMANISCH ZUSAMMENARBEITEN

Wenn du bei einer Sache einen ganz klaren Fokus brauchst, dir das aber nicht so gut gelingt, bitte Krafttier Falke um seine Mitwirkung. Auch, wenn es dir schwerfällt, bei schamanischen Trance-Techniken den Fokus zu halten, übe am besten mit ihm.

KRAFTTIER

FAULTIER

Die Essenz: *Effizienz – Innere Ruhe – Kreativität*

MEINE ERFAHRUNGEN MIT KRAFTTIER FAULTIER

Wenn ich mit Krafttier Faultier schamanisch arbeite, komme ich sehr schnell in eine besondere innere Ruhe. Es erinnert mich an die Qualität der Rune Berkana. Diese Rune schenkt unter anderem Geborgenheit und regt das innere Kind an, kreativ zu sein.

DIE EIGENSCHAFTEN VON KRAFTTIER FAULTIER

Krafttier Faultier hat die Eigenschaft eines Selbstläufers. Wenn man etwas wirklich begriffen und verinnerlicht hat, dann läuft es von ganz alleine. Wenn man jedoch etwas übereilt, ohne es genau durchblickt zu haben, dann kostet das sehr viel Kraft. Krafttier Faultier nimmt sich daher vorab gerne mehr Zeit, damit hinterher alles wie von selbst läuft: *„Langsamsein ist nicht meine Stärke, aber sie hilft mir, zum eigenen Rhythmus zu finden. Wenn man sich ständig hetzt, lernt man sich selbst nicht wirklich kennen. Nur über Ruhe und Langsamkeit, bis hin zum absoluten Hier und Jetzt, lernt man, wer man ist und was man wirklich braucht."*

WAS ES BEDEUTEN KANN, WENN KRAFTTIER FAULTIER BEI DIR AUFTAUCHT

Krafttier Faultier taucht gerne dann auf, wenn es darum geht, den Eigennutzen vom Fremdnutzen zu unterscheiden. Hat man hier einen guten Überblick, kann man den gemeinsamen Nenner ausfindig machen und auf den Gesamtnutzen (Win-win) kommen. Es bringt auch oft die Botschaft mit sich, auf den eigenen Rhythmus zu achten. Probiere nicht, andere zu kopieren, wenn die Art und Weise ihres Tuns nicht zu dir passt. Gönne dir Pausen, tue einmal nichts, schlafe aus, wisse aber auch, wann du aktiv werden solltest. Wenn du in die Tiefe gehst und dort zur Ruhe kommst, dann hast du Zugang zu deiner Kreativität. Und dort ist dann auch der innere Antrieb, um nach außen zu gehen und etwas zu verwirklichen.

MIT KRAFTTIER FAULTIER SCHAMANISCH ZUSAMMENARBEITEN

Mit Krafttier Faultier kann man lernen, sehr effizient zu arbeiten. Wenn du zum Beispiel bei schamanischen Trance-Reisen deine Trance nicht gut halten kannst, dann kontaktiere es und bitte es um einen Tipp. Wenn du es schwer hast, zur Ruhe zu kommen, genieße die Anwesenheit von Krafttier Faultier. Das kann dich sehr schnell beruhigen.

KRAFTTIER

FLEDERMAUS

***Die Essenz:** Volle Sicht – Geheimnisse – Dein Ruf*

MEINE ERFAHRUNGEN MIT KRAFTTIER FLEDERMAUS

Krafttier Fledermaus ist ein klassisches Schamanentier. Die Fledermaus ist in der Dämmerung aktiv, in einer Übergangszeit, und kann im Dunkeln „sehen". Dinge sehen, die andere nicht sehen, das kann auch der Schamane. Kopfüber herumzuhängen wie die Fledermaus hilft, einen anderen Blickwinkel auf die Welt einzunehmen. Krafttier Fledermaus hat mich außerdem einiges über ASW gelehrt.

DIE EIGENSCHAFTEN VON KRAFTTIER FLEDERMAUS

Krafttier Fledermaus kann sich bei dir wie folgt vorstellen: *„Ich bin der, der mehr sieht als andere. Ich bin auch der, der unsichtbar sein kann und deswegen sehr geschützt ist. Ich bin das Krafttier, das gerne vergessen wird. Daher spare ich mich für besondere Menschen auf."* Krafttier Fledermaus hat eine Aura des Geheimnisvollen. Sein Weg ist der Weg der Selbstentdeckung. Man weiß jedoch vorab noch nicht, was dabei herauskommen wird. Krafttier Fledermaus entzieht sich zu fixen Bedeutungen und lässt vieles gerne offen.

WAS ES BEDEUTEN KANN, WENN KRAFTTIER FLEDERMAUS BEI DIR AUFTAUCHT

Wenn Krafttier Fledermaus bei dir erscheint, kann das bedeuten, dass es um deinen Ruf geht. Wie wirst du gesehen? Wirst du überhaupt gesehen? Möchtest du mehr gesehen werden? Wie möchtest du von anderen gesehen werden? Es kann auch bedeuten, dass du genauer hinschauen solltest. Vielleicht hast du etwas Wichtiges übersehen oder etwas gesehen, das so gar nicht da war. Wie siehst du das? Mach dir deine Sicht bewusst.

MIT KRAFTTIER FLEDERMAUS SCHAMANISCH ZUSAMMENARBEITEN

Bei Ritualen kann Krafttier Fledermaus dabei helfen, nichts Wichtiges zu übersehen. Es ist gut darin, Menschen zu führen, wenn ihre Sinne versagen, also zum Beispiel nachts oder auch bei hellsichtigen Tätigkeiten. Es kann schwierig sein, mit Krafttier Fledermaus Abmachungen zu treffen, denn es entgleitet einem sehr schnell.

KRAFTTIER

FLIEGE

Die Essenz: *Loslassen – Präsent sein – Sich nicht plagen*

DIE EIGENSCHAFTEN VON KRAFTTIER FLIEGE

Krafttier Fliege hat etwas Verschmitztes an sich. Es wirkt, als würde es etwas aushecken. Selbst beschreibt es seine Eigenschaften mit folgenden Worten: *„Ich bin ein gern gesehener Zeitgenosse, denn wenn ich auftauche, bringe ich immer gute Neuigkeiten. Fliegen sind fast überall, wo Menschen sind. Ich bin der perfekte Botschafter."* Krafttier Fliege haftet nicht an den Dingen, es muss daher auch nichts loslassen. Es ist dadurch ganz natürlich im Hier und Jetzt.

WAS ES BEDEUTEN KANN, WENN KRAFTTIER FLIEGE BEI DIR AUFTAUCHT

Wenn Krafttier Fliege bei dir auftaucht, dann ist der Grund dafür eventuell, dass du dich mit etwas Lästigem herumplagst. Es möchte dich dann mit diesen Denkanstößen unterstützen: *„Lästig werden die Dinge erst, wenn du sie bekämpfst. Davor sind sie einfach nur da. Hast du Widerstände gegen etwas und willst es weghaben, wird es lästig. So einfach ist das. Damit kennst du auch die Lösung, um Lästiges wieder loszuwerden."* (Bei dieser Aussage hat Krafttier Fliege herzhaft gelacht.) Krafttier Fliege unterstützt dich sehr gerne dabei, nicht so stark an den Dingen zu hängen. An je mehr Dingen du hängst, desto schwerer wird dein Leben. Je mehr Besitz du hast, umso mehr besitzt dieser dich. Krafttier Fliege weist dich in solchen Fällen darauf hin: *„Du besitzt aber nur etwas wirklich, wenn du daran hängst. Ansonsten bist du lediglich der Verwalter."* Krafttier Fliege macht uns hier auf eine innere Haltung aufmerksam. Man kann weltlich viel besitzen und trotzdem nicht daran haften. Man kann mitten im normalen Alltag stehen und trotzdem einen spirituellen Weg gehen.

MIT KRAFTTIER FLIEGE SCHAMANISCH ZUSAMMENARBEITEN

Krafttier Fliege kann dir dabei helfen, eine Brücke zwischen der spirituellen Welt und der alltäglichen Welt zu schlagen.

KRAFTTIER

FLUSSPFERD

Die Essenz: *Leichtigkeit – Selbstfürsorge – Angemessenheit*

DIE EIGENSCHAFTEN VON KRAFTTIER FLUSSPFERD

Bei Krafttier Flusspferd geht es um Leichtigkeit: *„Es ist immer mehr da, als das Auge sehen kann. Wer sich zu schnell täuschen lässt, verpasst das Wesentliche."* Krafttier Flusspferd hat eine ausgleichende Ausstrahlung. Es sprüht vor Wärme und liebevoller Umarmung. Bei ihm geht es darum, angemessen zu sein und zu handeln, nicht zu viel und nicht zu wenig, einfach so, wie es gerade passend ist.

WAS ES BEDEUTEN KANN, WENN KRAFTTIER FLUSSPFERD BEI DIR AUFTAUCHT

Krafttier Flusspferd zeigt sich bei dir, wenn du dir etwas unnötig schwer machst. Du darfst es dir auch leicht machen. Wer hat gesagt, dass es schwer sein muss? Das Leben präsentiert dir immer auch herausfordernde Situationen. Sie sind aber, wie sie sind, und du kannst sie nicht immer ändern. Aber ob du einen schweren oder einen leichten Umgang damit hast, das ist allein deine Entscheidung. Achte auch darauf, dass deine Handlungen an die Umstände angepasst sind. Wenn du unangebracht handelst, entstehen Probleme, die nicht sein müssten. Sorge für dich und stehe zu dir. Versuche, nicht alles zu machen, sondern tu das, was dir gerade möglich ist und deiner Natur entspricht.

MIT KRAFTTIER FLUSSPFERD SCHAMANISCH ZUSAMMENARBEITEN

Krafttier Flusspferd kann dir helfen, Dinge auszugleichen. Ist irgendwo zu viel oder zu wenig und beides soll miteinander ins Gleichgewicht kommen, bitte Krafttier Flusspferd um Hilfe und Unterstützung.

KRAFTTIER

FROSCH

Die Essenz: *Verlässlichkeit – Emotionen – Gute Auswege*

MEINE ERFAHRUNGEN MIT KRAFTTIER FROSCH

Ich erlebe Krafttier Frosch stets als reinigend und erfrischend. Ich finde, dass Krafttier Frosch auf der Wasser-Ebene, also auf der Ebene der Emotionen, besonders wirkt, auch wenn es etwas sehr Erdendes an sich hat.

DIE EIGENSCHAFTEN VON KRAFTTIER FROSCH

Krafttier Frosch lässt sich nicht unterkriegen. Es steht für sich ein und ist für andere da, wenn sie jemanden brauchen. Es lässt keinen im Stich, lässt jedem aber auch seine Freiheit. Krafttier Frosch löst effektiv alte, festsitzende Emotionen, damit diese gehen können. Es ist sehr hilfsbereit und optimistisch: *„Wenn ich bei Menschen bin, dann sehe ich, was ihnen fehlt. Darauf mache ich sie dann aufmerksam. Ich bin ein Helfer in der Not und weise gerne eine gute Richtung. Es gibt immer gute Auswege aus allen Notlagen." Seine Botschaft an die Menschheit ist: „Lasst euch nicht hängen. Nehmt euch an, wie ihr seid, und macht das Beste draus!"*

WAS ES BEDEUTEN KANN, WENN KRAFTTIER FROSCH BEI DIR AUFTAUCHT

Krafttier Frosch begleitet am liebsten Menschen, die für andere einstehen. Es ist außerdem gerne anwesend, wenn sich jemand mit seinen eigenen emotionalen Themen beschäftigt. Wenn es bei dir auftaucht, dann kann das also ein Hinweis sein, dich mit deinen emotionalen Altlasten auf konstruktive Weise auseinanderzusetzen. Wenn du in einer Notlage bist und Krafttier Frosch bei dir ist, dann kannst du sicher sein, dass der Ausweg schon da ist, auch wenn er für dich vielleicht noch nicht ersichtlich ist. Du kannst dich von Krafttier Frosch im eigenen Tun inspirieren lassen: Lass andere nicht im Stich, wenn sie dich wirklich brauchen, lass ihnen aber auch ihre Freiheit, eigene Fehler zu machen.

MIT KRAFTTIER FROSCH SCHAMANISCH ZUSAMMENARBEITEN

Krafttier Frosch ist gerne mit dabei, wenn es darum geht, jemanden mit etwas einzureiben, also zum Beispiel bei Massagen. Es kann auch sehr gut helfen, sich besser auf außersinnliche Wahrnehmungen einzulassen.

KRAFTTIER

FUCHS

Die Essenz: *Der rechte Augenblick – Strategie – Lebensplanung*

MEINE ERFAHRUNGEN MIT KRAFTTIER FUCHS

Ich mochte Füchse schon immer, gerade auch, weil sie einem einfach so in der Dämmerung, einer magischen Zeit, begegnen können. Mit Krafttier Fuchs hatte ich bisher nur sporadisch zu tun. Es hatte immer etwas Klärendes an sich, ihm zu begegnen.

DIE EIGENSCHAFTEN VON KRAFTTIER FUCHS

Krafttier Fuchs ist gut darin, sich zurückzuziehen, wenn es erforderlich ist. Es wartet ganz unauffällig auf den rechten Augenblick, und ist er da, zieht es sich zurück. Krafttier Fuchs ist ein guter Beobachter, ihm entgeht kaum etwas, solange es selbst anwesend ist. Krafttier Fuchs ist ein Stratege und ein Architekt und handelt gerne aus dem Untergrund heraus. Es ist gut darin, andere für sich arbeiten zu lassen und Hintergrundinformationen zu beschaffen. Krafttier Fuchs ist ein Philosoph unter den Krafttieren.

WAS ES BEDEUTEN KANN, WENN KRAFTTIER FUCHS BEI DIR AUFTAUCHT

Wenn du Angst vor dem Leben hast oder noch nicht richtig in dein Leben hineingefunden hast, hast du Krafttier Fuchs zu dir gerufen. Krafttier Fuchs kann dich lehren, wie man ein gutes Leben gestaltet und führt. Es leitet Menschen außerdem gerne dazu an, strategisch vorzugehen und nicht einfach ihren Emotionen zu folgen. Denn diese treiben sie oft in Situationen, in die sie eigentlich gar nicht hineingehören. Wer sich sein Leben bewusst gestaltet, kann besser lenken, wie das Leben weiter verlauft. Krafttier Fuchs ermutigt manchmal auch, ein Geheimnis besser für sich zu behalten, zumindest so lange, bis der rechte Zeitpunkt gekommen ist, um es zu offenbaren.

MIT KRAFTTIER FUCHS SCHAMANISCH ZUSAMMENARBEITEN

Wenn du fit in schamanischen Trance-Reisen bist, kannst du Krafttier Fuchs in seinen Bau folgen, wenn es dich dazu einlädt. Der Bau ist das Symbol für Geheimnisse, die in dir selbst verborgen liegen. Wenn du verborgene Dinge über dich selbst herausfinden möchtest, frage Krafttier Fuchs nach einem Weg.

KRAFTTIER

GEIER

Die Essenz: *Aktiv sein – Extrovertiertheit – Umwandlung*

DIE EIGENSCHAFTEN VON KRAFTTIER GEIER

Krafttier Geier ist wie die Sonne, die nach außen hin strahlt, explodiert, Leben ermöglicht und Dinge sichtbar macht. Mit dieser hohen Aktivität trennt es gerne Dinge voneinander, die nicht zueinanderpassen. Es hilft dann aber auch, dass die Dinge zueinanderfinden können, die zusammengehören. Es trennt also Unpassendes und verbindet Passendes.

WAS ES BEDEUTEN KANN, WENN KRAFTTIER GEIER BEI DIR AUFTAUCHT

„Erkenne, was nicht zu dir passt. Und dann erkenne, was wirklich zu dir passt." Das ist in der Regel der Grund, warum Krafttier Geier sich meldet. Vielleicht bist du in einer Beziehung, die nicht mehr passt, die nicht mehr gesund ist. Und vielleicht ist jetzt der richtige Zeitpunkt, dich zu trennen, damit jeder von euch einen Partner finden kann, der besser passt. Krafttier Geier taucht auch gerne auf, wenn man sich in einer Umwandlungsphase befindet. Vielleicht ist das Alte noch nicht ganz weg und das Neue noch nicht ganz da. Die Dinge brauchen eben manchmal ihre Zeit. Schaffe aber auch aktiv Platz für das Neue, wenn es das braucht. Finde die Mitte zwischen Aktivität und Passivität. Wenn du großzügig bist, zeige es. Halte dich nicht zurück mit deinem großen Herzen. Lass es strahlen.

MIT KRAFTTIER GEIER SCHAMANISCH ZUSAMMENARBEITEN

Krafttier Geier ist ein super Helfer bei schamanischen Extraktionen und auch, wenn etwas umgewandelt werden soll.

KRAFTTIER

GIRAFFE

Die Essenz: *Größe zeigen – Auffallen – Mutig sein*

MEINE ERFAHRUNGEN MIT KRAFTTIER GIRAFFE

Krafttier Giraffe hat mich schon öfter begleitet, als ich Rituale für Mutter Erde gemacht habe. Sie wollte dann immer mit dabei sein.

DIE EIGENSCHAFTEN VON KRAFTTIER GIRAFFE

Krafttier Giraffe ist voller Mut und Vertrauen in die Welt. Es ist so stark mit der Lebenskraft in Verbindung, dass es wie ein direkter Kanal für sie ist. Kommt man mit Krafttier Giraffe in Kontakt, kann man regelrecht spüren, wie man mit Lebenskraft aufgeladen wird. Krafttier Giraffe hilft gerne Menschen, die es schwer haben, zu sich zu stehen und sich ihre eigene Größe einzugestehen: *„Auch du bist ein wichtiger Teil der Welt. Erkenne es. Lebe dich."*

WAS ES BEDEUTEN KANN, WENN KRAFTTIER GIRAFFE BEI DIR AUFTAUCHT

Wenn Krafttier Giraffe sich meldet, dann vermutlich deshalb, weil du dich kleiner machst, als du bist. Damit ist nicht gemeint, dass du dich mit jemandem messen sollst, um größer zu sein. Nein. Du bist groß. Innere Größe hat nichts mit Leistung zu tun. Innere Größe ist, wenn du dich einfach lebst: *„Was in dir will sich der Welt zeigen? Warum hältst du es zurück? Nur die Mutigen bekommen, was ihnen zusteht. Sei kein Drückeberger. Vertraue auf deine innere Größe und zeige sie der Welt. Nicht alle werden sie anerkennen, aber das soll dich nicht davon abhalten, sie denen zu zeigen, die Freude daran haben werden."* Krafttier Giraffe ermutigt gerne diejenigen, die Angst davor haben, zu arg aufzufallen, weil sie sich dann angreifbar fühlen, sich einen Ruck zu geben und sich in einer sicheren Umgebung zu zeigen: *„Taste dich langsam heran. Zeige dich erst mal da, wo du dich wohlfühlst. Erweitere dann langsam deine Komfortzone. Und wer weiß, vielleicht gehörst du ja bald zu den großen Rednern deiner Zeit."*

MIT KRAFTTIER GIRAFFE SCHAMANISCH ZUSAMMENARBEITEN

Wenn du üben oder lernen möchtest, vor einem größeren Publikum aufzutreten, dann ist Krafttier Giraffe ein guter Begleiter. Es kann dir die nötige Ausstrahlung und den nötigen Schneid dafür leihen. Auch in der Vorbereitungsphase auf ein Event, bei dem du dich zeigen musst, kann es dir hilfreich zur Seite stehen.

KRAFTTIER

GRAUREIHER

Die Essenz: *Beobachten – Fokus – Achtsamkeit*

DIE EIGENSCHAFTEN VON KRAFTTIER GRAUREIHER

Krafttier Graureiher ist voll und ganz im Hier und Jetzt. Es beobachtet den Moment und handelt aus der Kraft des Augenblicks heraus. Wenn ein Krafttier mit einem Zenmeister verglichen werden kann, dann dieses.

WAS ES BEDEUTEN KANN, WENN KRAFTTIER GRAUREIHER BEI DIR AUFTAUCHT

Krafttier Graureiher meldet sich oft, wenn wir den Fokus auf das wirklich Wichtige aus den Augen verloren haben oder gerade dabei sind, diesen zu verlieren: *„Sei da. Schau, was genau jetzt da ist. Denke nicht darüber nach. Dann weißt du, was wirklich wichtig ist. Tu dann eins nach dem anderen. Schritt für Schritt."*

MIT KRAFTTIER GRAUREIHER SCHAMANISCH ZUSAMMENARBEITEN

Falls du Schwierigkeiten hast, in meditative Zustände zu kommen, lade Krafttier Graureiher ein und lass dich von seiner Präsenz inspirieren.

KRAFTTIER

GÜRTELTIER

Die Essenz: Abgrenzungsfähigkeit – Erholung – Psychologisches

MEINE ERFAHRUNGEN MIT KRAFTTIER GÜRTELTIER

Vor einiger Zeit habe ich intensiv mit Krafttier Gürteltier zusammengearbeitet. Denn als Hochsensibler ist eines der großen Entwicklungsthemen die Abgrenzungsfähigkeit. Und Krafttier Gürteltier hat mir sehr dabei geholfen, diese energetisch aufzubauen.

DIE EIGENSCHAFTEN VON KRAFTTIER GÜRTELTIER

Krafttier Gürteltier hat eine besondere Klarheit. Es macht allen Beteiligten deutlich, wer wo steht. Wenn es irgendwo mitwirkt oder anwesend ist, werden Dinge schnell geklärt. Krafttier Gürteltier mag es, mit anderen zusammen zu sein, hat aber gleichzeitig auch gerne seine Ruhe. Das gelingt nur, wenn Grenzen klar sind. Und genau das ist seine Magie: *„Jeder darf sein, wie er ist, jeder bleibt bei sich und achtet auf sich und so können alle harmonisch zusammen sein und sich fruchtbar austauschen."*

WAS ES BEDEUTEN KANN, WENN KRAFTTIER GÜRTELTIER BEI DIR AUFTAUCHT

Krafttier Gürteltier taucht gerne auf, wenn du vergessen hast, dir genug Ruhe zu gönnen. Schaffe dir dann mehr Raum für dich oder ziehe dich einfach für eine Weile zurück. Teile das anderen dann auf eine Weise mit, wie sie es verstehen und annehmen können. Wenn du nicht kommunizierst, wo deine Grenzen sind, werden andere es schwer haben, diese zu achten. Lerne, Nein zu sagen, wenn dir etwas nicht passt. Gönne dir Erholung, wenn du sie brauchst. Lerne, wie du innerlich tickst und warum du so tickst. Krafttier Gürteltier möchte dich auch dazu anregen, deinen Körper mehr lieben zu lernen. Lerne, dich mit deinem Körper wohlzufühlen. Werte ihn nicht. Werte auch andere Körper nicht. Jeder Körper ist einzigartig und gut so, wie er ist. Krafttier Gürteltier hat hier folgenden Tipp für dich: *„Dein Körper ist dein bester Freund. Er ist immer für dich da. Behandle deinen Körper entsprechend gut."*

MIT KRAFTTIER GÜRTELTIER SCHAMANISCH ZUSAMMENARBEITEN

Krafttier Gürteltier kann dir bei psychologischer Arbeit helfen und dabei immer noch mehr in die Tiefe gehen. Es kann zum Beispiel sehr gut dabei helfen, tief sitzende Glaubenssätze aufzudecken und zu lösen. Es kann dir auch dabei helfen, an die tiefsten Wurzeln eines Problems heranzukommen.

KRAFTTIER

HAI

Die Essenz: *Gewohnheiten ändern – Kraft tanken – Unsicherheiten in Stärken verwandeln*

DIE EIGENSCHAFTEN VON KRAFTTIER HAI

Krafttier Hai ist ein Exzentriker. Es unterscheidet sich gerne von den anderen Krafttieren und möchte immer alles anders machen und auch anders gesehen werden. Krafttier Hai möchte auffallen und sich beweisen: *„Ich bin ein großer Fan von Menschen, die genau wissen, was sie wollen. Denen helfe ich am allerliebsten."* Krafttier Hai hilft außerdem gerne dabei, schlechte Gewohnheiten in hilfreiche zu verwandeln.

WAS ES BEDEUTEN KANN, WENN KRAFTTIER HAI BEI DIR AUFTAUCHT

Wenn Krafttier Hai bei dir auftaucht, dann wohl deshalb, weil du Gewohnheiten hast, die dir zwar Sicherheit versprechen, aber dir eigentlich gar nicht guttun. Schaue in den Spiegel und sei ehrlich zu dir. Ist es gut so, wie es ist? Oder ist es einfach nur gewohnt und bequem? Es ist immer einfacher, alles so weiterlaufen zu lassen, wie es gerade läuft. Wenn du aber merkst, dass das nicht mehr förderlich ist, beginne, neue Wege zu finden. Springe ins kalte Wasser, wenn du musst, um dem Alltagstrott zu entgehen. Krafttier Hai bestärkt gerne Menschen, die wissen, was sie wollen, aber noch keinen guten Weg dafür gefunden haben: *„Mach einfach weiter. Bleib am Ball. Die Wege werden sich dann schon auftun."* Krafttier Hai möchte gerne vermitteln, dass Unsicherheiten nichts Schlechtes sind. Wenn du unsicher bist, zeigt das nur, dass du vorsichtig und wach bist. Sich in zu großer Sicherheit zu wiegen macht stumpf und träge: *„Unsicherheit sorgt dafür, dass du mit deiner Aufmerksamkeit bei der Sache bleibst. So schläfst du nicht ein. Sei mutig und mach dein Ding."*

MIT KRAFTTIER HAI SCHAMANISCH ZUSAMMENARBEITEN

Wenn du in deine eigenen geistigen Tiefen vordringen möchtest, um tief sitzende Ängste zu heilen, dann ist Krafttier Hai ein wunderbarer Helfer. Achte aber darauf, dass du dir professionelle Hilfe dazuholst, wenn du auf schamanische Weise nicht weiterkommst.

KRAFTTIER

HASE

Die Essenz: *Lebensfreude – Lösungswege – Hindernisse beseitigen*

DIE EIGENSCHAFTEN VON KRAFTTIER HASE

Krafttier Hase ist der Meister der Lebensfreude: *„Das Leben erfreut sich an sich selbst. Das ist Lebensfreude. Man kann nichts tun, damit Lebensfreude da ist. Man kann sich Genuss verschaffen, aber keine Lebensfreude. Lebensfreude ist das Sein, das da ist, wenn alles andere zur Ruhe kommt. Lebensfreude kommt vom Sein direkt in die formbare Welt. Wenn ihr nichts im Wege steht, dann erlebst du sie. Sie ist immer da, wie die Sonne, die immer scheint, auch wenn sie für dich gerade von Wolken verdeckt ist. Lebensfreude kann sich erst dann zeigen, wenn man aufhört, sie zu erzwingen."* Krafttier Hase ist auch Experte darin, verborgene Wege zu finden und diese aufzuzeigen.

WAS ES BEDEUTEN KANN, WENN KRAFTTIER HASE BEI DIR AUFTAUCHT

Wenn Krafttier Hase in dein Leben getreten ist, dann sehr wahrscheinlich deshalb, weil du selbst deiner Lebensfreude im Wege stehst. Krafttier Hase beobachtet dich bestimmt schon eine ganze Weile, um herauszufinden, was der beste Weg sein kann, um dir zu helfen. Krafttier Hase wird dir dann, so gut es kann, helfen, Hindernisse auszuräumen, damit du einen besseren Zugang zu deinem wahren Sein erhältst. Vielleicht suchst du auch nach einer Lösung für ein Problem und Krafttier Hase hat sie schon für dich gefunden. Höre genau hin. Sei achtsam im Alltag. Dann wirst du die Lösung erkennen.

MIT KRAFTTIER HASE SCHAMANISCH ZUSAMMENARBEITEN

Wenn du einen bewussten Kontakt zu Krafttier Hase herstellen kannst, dann lade es ein, mit dir zusammen die Hindernisse gegen deine Lebensfreude aus dem Weg zu räumen.

KRAFTTIER

HEUSCHRECKE

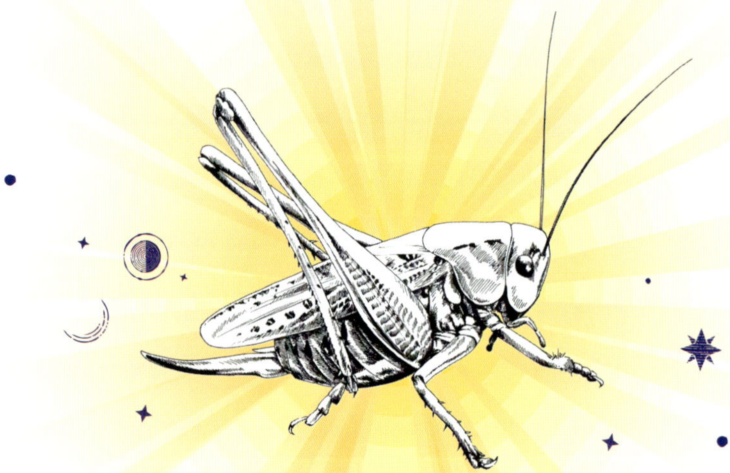

Die Essenz: *Sofort loslegen – Ungebunden sein – Lehren*

DIE EIGENSCHAFTEN VON KRAFTTIER HEUSCHRECKE

Krafttier Heuschrecke macht gerne Nägel mit Köpfen. Es fackelt nicht lange. Am besten bringt man bei der Arbeit mit Krafttier Heuschrecke sein Anliegen gleich auf den Punkt und legt dann sofort mit dem los, worauf es wirklich ankommt. Krafttier Heuschrecke zeichnet sich durch eine gewisse Art von Ungebundenheit aus und fordert dazu auf, anderen etwas beizubringen.

WAS ES BEDEUTEN KANN, WENN KRAFTTIER HEUSCHRECKE BEI DIR AUFTAUCHT

Wenn Krafttier Heuschrecke sich bei dir meldet, kann es sein, dass du endlich mal zur Sache kommen solltest. Drückst du dich schon zu lange vor etwas? Dann ist es jetzt langsam mal Zeit, loszulegen. Krafttier Heuschrecke hält sich in der Regel kurz. Es wirkt auch immer kurz angebunden. Sieh daher sein Auftauchen als einen Hinweis, jetzt in die Handlung zu gehen. Krafttier Heuschrecke bringt auch oft den Vorschlag mit sich, zu unterrichten. Lehrst du bereits? Vielleicht solltest du das vermehrt tun. Gibt es etwas, das du lehren könntest oder möchtest? Vielleicht ist das eine Chance für dich, dich weiterzuentwickeln. Kennst du die 3-Sekunden-Regel? Nicht denken, sondern innerhalb der nächsten 3 Sekunden einfach etwas tun. Handle aus dem Moment heraus und vertrau darauf, dass es schon gut werden wird. Eins führt so zum anderen und schwupps, bist du mitten auf dem Weg. Krafttier Heuschrecke hilft dir dabei.

MIT KRAFTTIER HEUSCHRECKE SCHAMANISCH ZUSAMMENARBEITEN

Wenn du nicht so richtig ins Tun kommst, bitte Krafttier Heuschrecke um Unterstützung und leg dann los.

KRAFTTIER

HIRSCH

***Die Essenz:** Herzlichkeit – Miteinander – Mutig sein*

MEINE ERFAHRUNGEN MIT KRAFTTIER HIRSCH

Krafttier Hirsch hat mich in meiner Anfangszeit der schamanischen Arbeit begleitet. Es hat mir stets Mut gemacht, meinen Weg weiterzuverfolgen. Und es hat mich oft ermuntert, andere um Hilfe zu bitten.

DIE EIGENSCHAFTEN VON KRAFTTIER HIRSCH

Krafttier Hirsch hat eine sehr herzliche Ausstrahlung. Ehrlich aus dem Herzen heraus zu handeln ist sein Ding: *„Ich bin der, der das Miteinander fördert."* Gemeinschaft leben, zusammen große Dinge erreichen, als eine Gruppe an einem Strang ziehen, auf einen Nenner kommen und sich miteinander wohlfühlen, sind weitere Themen, die mit Krafttier Hirsch stark in Resonanz sind. Es ermuntert, mutig zu sein und bereit zu sein, ein Opfer für das zu bringen, was im Herzen richtig ist. Umwelt- und Naturschutz ist ein weiteres wichtiges Thema von Krafttier Hirsch. „Fridays for Future" hat „Hirschkraft".

WAS ES BEDEUTEN KANN, WENN KRAFTTIER HIRSCH BEI DIR AUFTAUCHT

Krafttier Hirsch kann den Hinweis zu dir tragen, dass du mehr auf dein Herz und auf das, was sich im Herzen richtig anfühlt, hören solltest. Der Verstand kann nicht wissen, was dem Herzen schon längst klar ist. Denke daran, dass du als Mensch in einer großen Gemeinschaft lebst. Nur zusammen lassen sich große Dinge vollbringen, und zwar nur dann, wenn alle im Herzen dabei sind. Wer im Herzen nicht angesprochen wird, wird früher oder später wieder abspringen oder sogar dagegen sein. Vielleicht taucht Krafttier Hirsch auch mit dem Hinweis bei dir auf, dass es gerade wichtig ist, für jemanden oder etwas einzustehen, der oder das dies nicht für sich selbst tun kann.

MIT KRAFTTIER HIRSCH SCHAMANISCH ZUSAMMENARBEITEN

Wenn du deine Herzenskraft entwickeln oder stärken möchtest, dann bitte Krafttier Hirsch um Mitwirkung. Wenn du Kraft brauchst, um das Richtige zu tun, lade Krafttier Hirsch ein. Seine Kraft wird automatisch bei dir sein, wenn du vom Herzen her für jemanden einstehst, der das alleine nicht schafft.

KRAFTTIER

HIRSCHKÄFER

Die Essenz: *Überleben – Existenz sichern – Wurzel-Chakra*

DIE EIGENSCHAFTEN VON KRAFTTIER HIRSCHKÄFER

Die große Kraft von Krafttier Hirschkäfer ist die Überlebenskraft. Bei ihm geht es darum, die Existenz zu sichern. Dann erst kommt alles andere, denn darauf baut alles Weitere auf. Ist die Wurzel nicht stark genug, kann der Baum nicht wachsen.

WAS ES BEDEUTEN KANN, WENN KRAFTTIER HIRSCHKÄFER BEI DIR AUFTAUCHT

Wenn Krafttier Hirschkäfer sich bei dir meldet, geht es um ein Thema des Wurzel-Chakras. In der Regel geht es dabei ums Überleben, darum, die Existenz zu sichern, für Sicherheit zu sorgen. Komme so richtig in diese Realität, wenn du hier gedeihen möchtest. Bist du nicht richtig anwesend, kannst du nicht gut für dich sorgen. Dann wird dein Leben zum ständigen Kampf und kostet dich viel Kraft. Erst, wenn du voll und ganz in deinem Leben angekommen bist, kannst du heilen, dich entwickeln, für dich einstehen und dein Leben frei lenken. Wenn du ständig auf der Flucht bist, lebst du nicht wirklich. Sei ganz da beziehungsweise lerne, ganz da zu sein.

MIT KRAFTTIER HIRSCHKÄFER SCHAMANISCH ZUSAMMENARBEITEN

Wenn du dich grundlegend mit deinem Menschsein nicht wohlfühlst, mache mal eine Trance-Reise in die Welt von Krafttier Hirschkäfer. Es kann dir helfen, voll und ganz in dein Leben zu kommen. Bei allem, was das Wurzel-Chakra betrifft, kann Krafttier Hirschkäfer helfen.

KRAFTTIER

HUHN

Die Essenz: *Selbsteinschätzung – Ehrlichkeit – Tugendhaftigkeit*

DIE EIGENSCHAFTEN VON KRAFTTIER HUHN

Krafttier Huhn hat einen prüfenden Blick, mit dem es andere fragt: *„Bist du gerade ehrlich zu dir selbst?"* Es wirkt so, als wäre es angriffslustig, ist es aber nicht. Es ist einfach nur sehr ehrlich. Krafttier Huhn steht in Resonanz mit Tugendhaftigkeit.

WAS ES BEDEUTEN KANN, WENN KRAFTTIER HUHN BEI DIR AUFTAUCHT

Krafttier Huhn taucht gerne bei Menschen auf, die sich zu wichtig nehmen, und weist diese sanft, aber bestimmt auf ihr Auftreten hin: *„Ist das wirklich nötig? Du musst dich nicht größer machen, als du bist. Du brauchst auch nicht andere kleiner zu machen, um dich größer zu fühlen. Ich weiß, da gehört eine große Portion Ehrlichkeit sich selbst gegenüber dazu, um das annehmen zu können. Aber schau mal hin, ob das dein Thema ist."* Auch wenn du dich über- oder unterschätzt, ist Krafttier Huhn zur Stelle, um dir zu helfen, dich zu sehen, wie du bist, und dich korrekt einzuschätzen. Krafttier Huhn möchte uns Tugendhaftigkeit lehren. Was Tugend ist und was nicht, darüber haben Philosophen jahrhundertelang sinniert und es gibt keine abschließende oder einheitliche Antwort auf die Frage nach der Tugend. Stelle dir doch einmal selbst die Frage: Bin ich tugendhaft? Spüre in dich hinein. Schau in dich. Was macht diese Frage mit dir? Das Motto von Krafttier Huhn ist: „Nur wer ehrlich zu sich selbst ist, kann ehrlich zu anderen sein."

MIT KRAFTTIER HUHN SCHAMANISCH ZUSAMMENARBEITEN

Krafttier Huhn bietet dir an: *„Du kannst mich gerne kontaktieren, wenn du eine ehrliche Einschätzung brauchst und diese auch vertragen kannst."*

KRAFTTIER

HUND

***Die Essenz:** Lebensqualität – Kind-Sein – Spiegel*

DIE EIGENSCHAFTEN VON KRAFTTIER HUND

Krafttier Hund gestaltet das Leben lebenswert: „*Immer, wenn etwas verspielt ist, wenn man Kind sein darf, bekommt das Leben mehr Qualität. Das Erwachsensein verdeckt, dass du ein Kind bist.*" Krafttier Hund macht Menschen außerdem gerne darauf aufmerksam, dass die Welt ein Spiegel ist. Es spiegelt auch gerne das Verhalten der Menschen, damit sie sehen können, wie sie wirklich sind.

WAS ES BEDEUTEN KANN, WENN KRAFTTIER HUND BEI DIR AUFTAUCHT

Wenn Krafttier Hund bei dir anwesend ist, dann vermutlich, weil es dir helfen möchte, dich an dein inneres Kind zu erinnern: „*Sei verspielt, sei verletzlich, tobe herum, sei unschuldig, sei neugierig, habe einfach mal Spaß, geh raus und entdecke die Welt immer wieder neu. Menschen besitzen Hunde unter anderem deshalb, weil sie dadurch an ihr eigenes Kind-Sein erinnert werden. Wenn Menschen Hunde unterwerfen, dann wollen sie eigentlich ihr eigenes Kind-Sein unterwerfen. Für einen Hund verantwortlich zu sein bedeutet, sich seinem eigenen Kind-Sein zuzuwenden.*" Krafttier Hund möchte dir auch zeigen, dass du die Verantwortung für das hast, was deine Welt dir zeigt. Du kannst die Welt nicht verändern, aber wie du sie wahrnimmst, schon. Und wenn du deine Wahrnehmung änderst, verändert sich nach und nach, wie sich die Welt dir zeigt.

MIT KRAFTTIER HUND SCHAMANISCH ZUSAMMENARBEITEN

Um deine inneren Kindanteile zu harmonisieren, bitte Krafttier Hund um Mitwirkung. Mache zum Beispiel eine schamanische Trance-Reise in seine Welt.

KRAFTTIER

HYÄNE

Die Essenz: *Sich treu bleiben – Gerechtigkeit – Lebenskunst*

DIE EIGENSCHAFTEN VON KRAFTTIER HYÄNE

Krafttier Hyäne kann sich dir mit diesen Worten vorstellen: *„Ich bin sanft, so lange, bis ich es nicht mehr sein kann. Im Grunde bin ich oft gereizt, denn diese Gereiztheit lässt mich nicht ruhen, bis alles gerecht ist. Lass dich nicht von meiner ruhigen Ausstrahlung täuschen. Unter dieser bin ich sehr fordernd."*
Krafttier Hyäne wirkt zweischneidig. Es schwankt hin und her zwischen Ruhe und Chaos. Vielleicht ist es aber auch beides zugleich.

WAS ES BEDEUTEN KANN, WENN KRAFTTIER HYÄNE BEI DIR AUFTAUCHT

Fällt es dir schwer, etwas einzufordern? Krafttier Hyäne möchte dir dann helfen, das zu ändern. Es taucht auch gerne auf, wenn man mit Ungerechtigkeit zu tun hat. Wurde dir Unrecht angetan? Bist du Zeuge von Unrecht? Oder hast du Unrechtes getan? Krafttier Hyäne möchte alles wieder ins Gleichgewicht bringen, braucht dabei aber deine Hilfe. Was kannst du tun? Was ist dein Anteil?
Krafttier Hyäne ist ein Lebenskünstler. Es geht immer seinen eigenen Weg und passt sich enorm schnell an die sich verändernden Gegebenheiten an. Diese Qualitäten kann es dir vorübergehend leihen. Die Botschaft von Krafttier Hyäne lautet auch: *„Ich bin nicht der, der für dich kämpft. Ich bin der, der dich anleitetet, dies für dich selbst zu tun. Bleibe dir treu und gehe los. Warte nicht darauf, bis ein anderer etwas an deiner Stelle tut. Nur du kannst deinen Weg gehen. Also los."*

MIT KRAFTTIER HYÄNE SCHAMANISCH ZUSAMMENARBEITEN

Wenn du mit Themen oder Situationen zu tun hast, die stark aus dem Gleichgewicht geraten sind, bitte Krafttier Hyäne um Unterstützung.

KRAFTTIER

IGEL

Die Essenz: *Freundlichkeit – Selbstliebe – Sich zeigen*

MEINE ERFAHRUNGEN MIT KRAFTTIER IGEL

Ich mag Krafttier Igel. Es besticht durch seine Freundlichkeit. Man kann nicht anders, als sich von dieser Freundlichkeit einnehmen zu lassen, wenn man Krafttier Igel begegnet.

DIE EIGENSCHAFTEN VON KRAFTTIER IGEL

Krafttier Igel ist bekannt für seine inneren Eigentümlichkeiten. Es ist der Freund von allen, die zu ihren besonderen Eigenheiten stehen. Denn diese zeigen sich nach außen hin als besondere Stärken, wenn man sie richtig lieben lernt. Krafttier Igel lebt nach dem Motto: *„Sei freundlich zu dir selbst, dann sind andere auch freundlich zu dir."* Krafttier Igel hat außerdem eine gewisse Großherzigkeit und zeigt, wie man gelebtes Wissen in sich reifen lassen kann, damit die Seele genährt wird. Krafttier Igel blickt von tief innen hinaus in die Welt. Es schaut nicht von außen auf sich selbst, sondern von innen. Es möchte dir diese Weisheit mit auf den Weg geben: *„Sei lebendig und verspielt, so wirst du selbst dein bester Freund sein."*

WAS ES BEDEUTEN KANN, WENN KRAFTTIER IGEL BEI DIR AUFTAUCHT

Krafttier Igel meldet sich bei Menschen, die nicht wissen, was sie mit sich selbst anfangen sollen. Wenn jemand mit sich nicht klarkommt und das auf andere projiziert, wirkt er auf andere eher griesgrämig und stoffelig. Vielleicht bist du ein freundlicher Mensch, andere nehmen das aber möglicherweise nicht wahr. Lerne, selbst dein bester Freund zu sein, und dein Leben wird sich viel mehr nach Wohlwollen anfühlen. Dann wirst du plötzlich verstehen, warum du auf der Welt bist, und alles kann sich neu fügen.

MIT KRAFTTIER IGEL SCHAMANISCH ZUSAMMENARBEITEN

Krafttier Igel kann gut dabei helfen, Überheblichkeit abzulegen. Wenn jemand vergessen hat, wer er ist, kann man außerdem zusammen mit Krafttier Igel solche Erinnerungen wieder zurückbringen. Wenn es jemand schwer hat, Freunde zu finden, oder nicht weiß, wie er mit anderen Menschen umgehen soll, oder wenn jemand Angst davor hat, seine Besonderheiten mit der Welt zu teilen, kann Krafttier Igel der richtige Helfer sein.

KRAFTTIER

JAGUAR

Die Essenz: *Transzendenz – Vermittler – Schamanenkraft*

DIE EIGENSCHAFTEN VON KRAFTTIER JAGUAR

Krafttier Jaguar ist eine Tatsache besonders wichtig: *„Ich bin kein Tier, auch wenn man denkt, dass ich ein Tier bin. Ich bin etwas Umfassenderes. So wie du auch nicht nur ein Mensch bist."* Krafttier Jaguar hilft gerne, dieses Umfassendere zu entdecken. Es ist ständig in der Transzendenz und vermittelt sie zu uns in den Alltag. Krafttier Jaguar ist außerdem eine Brücke zwischen dem Greifbaren und dem Nichtgreifbaren. Es redet nicht lange um den heißen Brei herum, sondern lädt dich ein, ihm in das Transzendente zu folgen. Wenn du nicht willst oder nicht bereit dafür bist, ist es schnell wieder weg. Krafttier Jaguar wirkt wie die reine Existenz, ganz direkt: *„Willst du oder willst du nicht? Es gibt nichts dazwischen."*

WAS ES BEDEUTEN KANN, WENN KRAFTTIER JAGUAR BEI DIR AUFTAUCHT

Wenn Krafttier Jaguar sich bei dir meldet, hast du sehr wahrscheinlich ein schamanisches Erbe im Hintergrund. Das bedeutet, dass du dich in anderen Leben mit schamanischen Übungen beschäftigt hast und dort mehr oder weniger tief eingestiegen bist. Krafttier Jaguar begleitet oft diejenigen, die richtig tief in die schamanischen Gefilde einsteigen wollen. Wenn du so weit bist, in die Transzendenz einzutauchen, kannst du damit Krafttier Jaguar zu dir gerufen haben. Krafttier Jaguar beschäftigt sich nicht viel mit den normalen, alltäglichen Dingen. Daher wird es sich nur bei dir melden, wenn etwas Nichtalltägliches an deine Tür klopft.

MIT KRAFTTIER JAGUAR SCHAMANISCH ZUSAMMENARBEITEN

Es ist nicht leicht, Krafttier Jaguar zu sich rufen. Es ist ist vielmehr so, dass es dich ruft oder ihr euch einfach findet. Du kannst Krafttier Jaguar zwar kontaktieren, aber inwiefern es mit dir dann zusammenarbeiten möchte, kannst du nicht entscheiden.

KRAFTTIER

KANINCHEN

Die Essenz: *Lebendigkeit – Fruchtbarkeit – Dranbleiben*

DIE EIGENSCHAFTEN VON KRAFTTIER KANINCHEN

Krafttier Kaninchen verortet sich selbst ganz genau: *„Ich mag die Mitte zwischen Verspieltsein und Ernsthaftigkeit. Da ist das pure Leben. Und das bin ich."* Krafttier Kaninchen steht auch in der Mitte vom Losgelöst-Sein und Dranbleiben. Es springt hin und her und schaut sich alles immer wieder von verschiedenen Blickwinkeln an. So verfolgt es frei und verspielt seinen Weg. Krafttier Kaninchen hat auch viel mit dem Thema Fruchtbarkeit zu tun und ist ein Bewahrer von alten Brauchtümern.

WAS ES BEDEUTEN KANN, WENN KRAFTTIER KANINCHEN BEI DIR AUFTAUCHT

Muss immer alles Sinn ergeben? Wenn ja, warum? Krafttier Kaninchen stellt das gerne infrage. Denn wenn jemand sein Glück von der Sinnhaftigkeit abhängig macht, kann das fatal sein. Sinn ist immer vom Kontext abhängig und daher ist das ganze Konstrukt von Sinn und Unsinn sehr fließend. Krafttier Kaninchen taucht immer dann auf, wenn es wichtig ist, einfach mal etwas Unfug zu treiben, also etwas zu tun, das für den Verstand sinnlos ist. Denn dann werden die Lebensgeister wiedererweckt. Aus Sicht der Erwachsenen treiben Kinder oft sinnlosen Unfug. Aber für Kinder ist das das Leben, pure Lebendigkeit und Glückseligkeit. Krafttier Kaninchen möchte dir raten, wieder mal etwas völlig Verrücktes zu machen. Denn wenn du immer nur stocksteif eine Sache verfolgst, kannst du es einerseits verpassen, nötige Anpassungen vorzunehmen, und andererseits verlierst du an Lebendigkeit. Krafttier Kaninchen lehrt uns auch gerne Dinge zum Thema Fruchtbarkeit. Damit etwas eine Frucht hervorbringen kann, braucht es Zeit, Kraft, Raum und Zuwendung.

MIT KRAFTTIER KANINCHEN SCHAMANISCH ZUSAMMENARBEITEN

Wenn du Interesse an alten Brauchtümern hast, frage Krafttier Kaninchen, ob es dir etwas zeigen kann. Krafttier Kaninchen kann auch überall da gut mitwirken, wo Lebendigkeit fehlt oder diese blockiert ist.

KRAFTTIER

KATZE

Die Essenz: Wille – Bedürfnisse – Sexualität

MEINE ERFAHRUNGEN MIT KRAFTTIER KATZE

Ich bin ein Katzenmensch. Eine Katze in meinem Leben zu haben ist für mich eine ganz besondere Lebensqualität. Daher habe ich über Hauskatzen sehr viel von dem Katzenartigen kennengelernt.

DIE EIGENSCHAFTEN VON KRAFTTIER KATZE

Krafttier Katze kann sich dir mit folgenden Worten vorstellen: *„Ich bin leise. Ich komme von hinten und bin unsichtbar. Ich bin ein Krafttier, das sich gerne zeigt, aber das Umfeld muss stimmen. Wenn ich etwas will, dann gebe ich nicht auf. Wenn ich etwas nicht will, dann renne ich davon oder ich kämpfe, bis ich es los bin."* Krafttier Katze hat die Qualität von „genau wissen, was man will". Es macht viel vom Umfeld abhängig, passt sich an und ist dann aber ganz entschieden und zielstrebig. Wer sich mit Krafttier Katze anlegt, weiß nicht, mit wem er sich anlegt. Es ist unberechenbar und, wenn es will, unauffindbar: *„Ich zeige mich sehr viel durch Haustiere bei den Menschen. Oft wirke ich durch ihre Haustiere beruhigend und heilsam auf sie."*

WAS ES BEDEUTEN KANN, WENN KRAFTTIER KATZE BEI DIR AUFTAUCHT

Krafttier Katze inspiriert gerne dazu, Lebensfreude durch gesunden Egoismus zu entwickeln. Stelle deine eigenen Bedürfnisse mehr in den Vordergrund. Achte mehr auf dich, was dir guttut und was du wirklich willst und brauchst. Und wenn es dir dann gut geht, teile es mit anderen. Krafttier Katze macht gerne sanft auf Verletzungen aufmerksam, die durch sexuellen oder gewalttätigen Missbrauch in der Kindheit entstanden sind. Solche Themen sollten kein Tabu sein. Sprich mit anderen darüber. Missbrauch beginnt bereits da, wo Kinder angeschrien werden. Manchmal hilft ein spielerischer Umgang in einem geborgenen Umfeld, um die alten Wunden zu heilen oder zumindest zu lindern. In der Regel braucht es hierbei aber auch professionelle Hilfe, also eine nachhaltige Therapie.

MIT KRAFTTIER KATZE SCHAMANISCH ZUSAMMENARBEITEN

Krafttier Katze ist ein guter Helfer, wenn es um die Heilung von alten seelischen Wunden geht. Bei Näheproblemen, Näheängsten, einem gesunden Umgang mit Sexualität und bei tabuisierten sexuellen Neigungen kann Krafttier Katze helfend zur Seite stehen. Auch, wenn du einmal unauffindbar sein möchtest, kann dir Krafttier Katze eine entsprechende Präsenz verleihen. Frage es doch mal danach.

KRAFTTIER

KRANICH

Die Essenz: *Freiheit – Befreiung – Bewusstseinserweiterung*

DIE EIGENSCHAFTEN VON KRAFTTIER KRANICH

„Ich bin die Freiheit. Ich bin die Befreiung. Ich zeige dir, wie du fliegen kannst. Ich zeige dir, wie du frei sein kannst." So kann sich Krafttier Kranich bei dir vorstellen. Krafttier Kranich ist absolut frei. Es beschäftigt sich auch viel mit der Öffnung hin zu spirituellen, mystischen und transzendenten Sichtweisen und Erfahrungen.

WAS ES BEDEUTEN KANN, WENN KRAFTTIER KRANICH BEI DIR AUFTAUCHT

Krafttier Kranich taucht gerne bei uns Menschen auf, wenn wir zu festgefahren oder sogar dogmatisch geworden sind. Es will uns dann daran erinnern, dass es nicht die eine richtige Sichtweise gibt. Alle Sichtweisen können richtig sein. Es kommt darauf an, wie man argumentiert. Lässt man alle Wertungen weg, ist alles richtig und alles möglich. Befreie dich von Perspektiven, die dir nicht dienlich sind. Erkenne, dass du nicht deine Meinungen bist, sondern, dass du Meinungen haben kannst. Da du sie haben kannst, du sie aber nicht bist, kannst du sie nach Belieben wechseln, selbst wenn andere dich darauf festnageln wollen. Krafttier Kranich weist dich darauf hin, dass Meinungen sehr oft ungeprüft übernommene Meinungen sind. Prüfe also deine Meinungen, ob sie noch zu dir passen. Du bist auch nicht deine Gedanken, du hast Gedanken. Folglich hast du auch hier völlige Freiheit, welche Gedanken du denken möchtest und welche nicht. Beginne damit, die Gedanken vermehrt und bewusst zu denken, die du auch denken möchtest. Erweitere dein Bewusstsein und befreie dich von alten, festgefahrenen Strukturen.

MIT KRAFTTIER KRANICH SCHAMANISCH ZUSAMMENARBEITEN

Möchtest du dich mehr und mehr für deine spirituellen Dimensionen öffnen, lade Krafttier Kranich ein, dich zu begleiten. Auch bei schamanischen Extraktionen ist Krafttier Kranich ein sehr guter Partner.

KRAFTTIER

KRÄHE

Die Essenz: *Freiheit – Fantasie – Realität steuern*

DIE EIGENSCHAFTEN VON KRAFTTIER KRÄHE

Krafttier Krähe ist sehr frei. Es schleicht sich gerne von hinten an. Daher bekommt man es in der Regel nur mit, wenn Krafttier Krähe in physischer Form als Krähe auftaucht. Ansonsten ist es wie die Luft: da, aber nicht greifbar. Krafttier Krähe zeigt den Menschen gerne, was es unabhängig vom Alltag noch so alles gibt. Es erinnert uns gerne daran, dass wir weit mehr sind als unser alltägliches Dasein. Krafttier Krähe ist wie der Freiraum, den alle zum Wachsen brauchen.

WAS ES BEDEUTEN KANN, WENN KRAFTTIER KRÄHE BEI DIR AUFTAUCHT

Wenn Krafttier Krähe bei dir auftaucht, solltest du dir vielleicht diese Gedanken einmal zu Herzen nehmen: Alles, was groß ist, war irgendwann mal klein. Also habe noch etwas Geduld. Verpasse nicht den Zeitpunkt, an dem du eine Sache sich selbst überlassen kannst. Wenn etwas groß genug ist, ist vielleicht die Zeit reif, es freizulassen, damit es sich eigenständig weiterentwickeln kann. Suche dir immer wieder eine neue Aufgabe. Fixiere dich nicht so sehr auf das, was jetzt gerade da ist, sondern habe auch im Blick, was noch sein kann. Öffne deinen Geist und nutze deine Fantasie, um das jetzt noch Unmögliche möglich zu machen. Nutze deine momentanen Möglichkeiten, um dich weiterzuentwickeln. Wach auf, geh über dein momentanes Sein hinaus und erkenne deine Größe. Erkenne, wer du sein kannst. Vielleicht ist nun auch die Zeit gekommen, dich mehr und mehr mit Spiritualität, Magie und Bewusstseinskunst zu beschäftigen.

MIT KRAFTTIER KRÄHE SCHAMANISCH ZUSAMMENARBEITEN

Wenn du nichtalltägliche Bewusstseinszustände erkunden möchtest, ist Krafttier Krähe ein wunderbarer Begleiter. Wenn du dich mit bewusster Realitätssteuerung beschäftigst oder diese erlernen möchtest, lade Krafttier Krähe ein und bitte es um einen Tipp.

KRAFTTIER

KROKODIL

***Die Essenz:** Zeitlosigkeit – Tod und Geburt – Ruhe bewahren*

MEINE ERFAHRUNGEN MIT KRAFTTIER KROKODIL

Als ich noch nach einem mythologischen Modell arbeitete, war Krafttier Krokodil lange Zeit mein Begleiter bei schamanischen Reisen in die Unterwelt. Auch bei Seelenteilrückholungen hat es mit mir zusammengewirkt. Es hat mir Geschwindigkeit verliehen, aber auch Ruhe, wenn es angesagt war, stillzuhalten, um etwas einfach wirken zu lassen. Es hat mir oft gezeigt, wann der richtige Augenblick für etwas gekommen war.

DIE EIGENSCHAFTEN VON KRAFTTIER KROKODIL

Krafttier Krokodil kann gut in die Zukunft blicken. Es späht alle möglichen Varianten aus, um abzuwägen, welche die wahrscheinlichste von allen ist. Krafttier Krokodil ist aber auch sehr gut darin, in die Vergangenheit zu blicken. Auch dort kann es alle möglichen Varianten ausmachen. Es schwimmt in der Zeit, wie es will. Krafttier Krokodil beschreibt sich selbst mit folgenden Worten: *„Ich töte, was bereits tot ist. Ich halte lebendig, was lebendig ist. Ich lese gerne in den Gesichtern der Menschen. Ich höre auch, was ich sehe. Ich lasse die Sinne verschmelzen. Ich bin alt und kann deswegen jung sein."*

WAS ES BEDEUTEN KANN, WENN KRAFTTIER KROKODIL BEI DIR AUFTAUCHT

Krafttier Krokodil zeigt uns gerne auf, dass das Alter relativ ist. Gerade älteren Menschen möchte es die Weisheit des Alters näherbringen. Jungen Menschen will es zeigen, dass auch sie irgendwann einmal alt werden und sterben. Daher spielt das Alter keine Rolle, sondern wichtig ist allein, was man jetzt gerade tun kann und was man nicht tun kann. Krafttier Krokodil überbringt auch oft die Botschaft des Todes, auch im übertragenen Sinne. Ein Tod ist nur der Übergang in ein neues Leben. Wenn etwas stirbt, wird etwas Neues geboren. Und das ist ganz normal in dieser Welt. Der Tod ist ständig und überall präsent. Krafttier Krokodil möchte dich dazu ermutigen, die Welt spielend zu entdecken, jung zu bleiben und nicht aufzuhören, an dir zu arbeiten.

MIT KRAFTTIER KROKODIL SCHAMANISCH ZUSAMMENARBEITEN

Wenn du häufig mit dem Tod zu tun hast, ist Krafttier Krokodil ein guter Helfer. Zum Beispiel unterstützt es dich, wenn du im Hospiz arbeitest. Auch im übertragenen Sinne kann es bei Arbeiten helfen, bei denen etwas gehen soll, das eigentlich schon lange hätte weg sein sollen. Außerdem kann Krafttier Krokodil, wenn etwas schon fast tot ist und wieder ins Leben gebracht werden soll, mit seiner Präsenz einen entscheidenden Anstoß geben. Ebenfalls unterstützt dich Krafttier Krokodil, wenn du dich viel mit Geburtshilfe befasst und zum Beispiel als Hebamme arbeitest.

KRAFTTIER

KRÖTE

Die Essenz: Behüten – Bewahren – Nährboden schaffen

DIE EIGENSCHAFTEN VON KRAFTTIER KRÖTE

Krafttier Kröte ist dem Element Erde sehr nah. Es hilft gerne dabei, einen geeigneten Nährboden zu schaffen, damit etwas gut gedeihen kann. Krafttier Kröte hat außerdem diesen Rat für dich: *„Wenn du etwas ändern möchtest, drehe dich in eine neue Richtung und gehe los."* Krafttier Kröte ist auch ein Bewahrer von Wissen, Weisheit und Geheimnissen.

WAS ES BEDEUTEN KANN, WENN KRAFTTIER KRÖTE BEI DIR AUFTAUCHT

Wenn Krafttier Kröte bei dir auftaucht, gibt es eventuell etwas in deinem Leben, das nicht mehr passt und dem du den Rücken zukehren solltest. Es steht dir frei, dich von etwas oder jemandem abzuwenden. Wende dich besser den Dingen und Menschen zu, die dir Freude bereiten. Schaffe einen Nährboden in deinem Leben für die Dinge und Menschen, die du in deinem Leben haben möchtest. Denn erst dann können sie sich langfristig halten. Wenn sich jemand bei dir nicht wohlfühlt, warum soll er dann bei dir bleiben? Krafttier Kröte bringt sehr oft genau diese Frage mit. Es hilft aber auch gerne dabei, den eigenen inneren Kern zu bewahren und nicht zu vergessen, was die eigenen, wichtigen Werte sind. Krafttier Kröte rät dir dazu, deine Werte zu behüten. Verliere dich also nicht in zu vielen Äußerlichkeiten.

MIT KRAFTTIER KRÖTE SCHAMANISCH ZUSAMMENARBEITEN

Es gibt viel altes Wissen, das darauf wartet, wiederentdeckt und neu interpretiert zu werden. Wenn das zu deinem Weg gehört, dann kann Krafttier Kröte ein geeigneter Begleiter für dich sein. Frage es, was es braucht, damit es sich bei dir wohlfühlt und dir hilft.

KRAFTTIER

KOLIBRI

Die Essenz: *Reine Vernunft – Inspiration – Schamanenkraft*

DIE EIGENSCHAFTEN VON KRAFTTIER KOLIBRI

Krafttier Kolibri sagt über sich selbst: *„Ich bin der Herrscher über die Zeit und der reinen Vernunft in anderen Welten. Reine Vernunft ist das Sehen, wie es ist, ohne darüber nachzudenken."* Krafttier Kolibri ist die Inspiration, die uns dazu anregt, uns auf die Suche nach der Wahrheit zu begeben. Es gießt gerne unsere innere „Erkenntnispflanze". Krafttier Kolibri besucht außerdem besonders gerne Menschen, die sich tiefgehend schamanisch betätigen.

WAS ES BEDEUTEN KANN, WENN KRAFTTIER KOLIBRI BEI DIR AUFTAUCHT

Wenn Krafttier Kolibri bei einem Menschen auftaucht, dann oft nur ganz kurz oder eher sporadisch. Es lässt dann einen Samen der Inspiration da und macht sich wieder auf und davon. Ab und zu kommt es dann vorbei und schaut, wie sich der Samen entwickelt. Und wenn eine Pflanze daraus sprießt, ist der Mensch so weit, tiefergehend unterwiesen zu werden. Man sagt, der Lehrer taucht auf, wenn der Schüler bereit ist. Oder man kann auch sagen, dass die richtigen Schüler auftauchen, wenn der Lehrer für sie bereit ist. Genau hier mischt Krafttier Kolibri mit. Es sorgt dafür, dass du die richtigen Lehrer und Schüler zur rechten Zeit triffst, damit du auf deinem spirituellen Weg gut vorankommst. Wenn Krafttier Kolibri gerade bei dir präsent ist, taucht vielleicht bald ein passender Lehrer oder Schüler bei dir auf oder er ist schon da und es geht darum, dies zu erkennen oder angemessen zu handeln. Krafttier Kolibri hilft uns, unsere Weisheit wachsen zu lassen und uns nach und nach auch für das Unerklärliche zu öffnen: *„Erkenne, wer du bist und wer du immer warst."*

MIT KRAFTTIER KOLIBRI SCHAMANISCH ZUSAMMENARBEITEN

Krafttier Kolibri bringt ab und zu Erkenntnis zu dir, wenn du dafür bereit bist.

KRAFTTIER

KREBS

Die Essenz: *Langlebigkeit – Altes Wissen – Urkräfte*

DIE EIGENSCHAFTEN VON KRAFTTIER KREBS

Krafttier Krebs ist eines der ältesten unter den Krafttieren: *„Ich bin ein uraltes Geschöpf. Bevor ich die Krebsform angenommen habe, war ich schon vieles andere. Daher weiß ich, wie man seine Formen wandelt. Ich bin nicht nur uralt, sondern ich habe auch schon sehr viel gesehen. Dinge kommen, Dinge gehen. Alles kehrt immer wieder, nur in anderer Form. Nichts geht je wirklich verloren."* Krafttier Krebs hat eine immense Lebenskraft, wirkt sehr verankert im Leben und ist Träger von uraltem Wissen.

WAS ES BEDEUTEN KANN, WENN KRAFTTIER KREBS BEI DIR AUFTAUCHT

Zeigt sich Krafttier Krebs bei dir, dann deshalb, weil du deine Energie verschwendest. Nutze sie weiser als bisher: *„Wenn du keine Energie hast, kannst du dich nicht aktiv wandeln. Du wirst dann gewandelt. Das Leben wandelt sich ständig. Daher kannst du die Wandlung nicht verhindern. Aber du kannst beeinflussen, in welche Richtung sich etwas wandelt."* Wenn du an einer wichtigen Weggabelung stehst, dann taucht Krafttier Krebs auf, um dir zu helfen, die richtigen Entscheidungen zu treffen. Es bringt auch die Botschaft mit sich, dass du langfristig entscheiden solltest: *„Wenn du nur kurzsichtig lebst, wirst du immer nur von einer Situation in die nächste hüpfen und stehst gefühlt jedes Mal wieder am Anfang. Wenn du langfristig denkst und handelst, dann werden sich die kurzfristigen Dinge von ganz alleine in den langfristigen Plan einordnen."* Wenn du dich damit beschäftigst, wie du deinen Körper jung und vital halten kannst, oder ihn verjüngen möchtest, dann ist Krafttier Krebs ebenfalls gerne an deiner Seite. Wenn dir (gefühlt) deine Wurzeln im Leben fehlen, kann Krafttier Krebs dir helfen, dich mit deiner Ahnenreihe zu verbinden oder sie sogar zu heilen.

MIT KRAFTTIER KREBS SCHAMANISCH ZUSAMMENARBEITEN

Krafttier Krebs ist der Meister der Urkräfte. Das bedeutet, dass du mit seiner Hilfe an Kräfte und Themen gelangst, die weit und tief zurückreichen. Das können frühere Leben sein oder weit entfernte Ereignisse (andere Welten). Mit Krafttier Krebs zusammen kann man auch sehr gut die Ebene der Archetypen erforschen. Es kann auch sehr gut helfen, blockierte Lebenskraft wieder ins natürliche Fließen zu bringen.

KRAFTTIER

LACHS

Die Essenz: *Eigenständigkeit – Verantwortung – Standhaftigkeit*

DIE EIGENSCHAFTEN VON KRAFTTIER LACHS

Krafttier Lachs hat eine sehr beständige Ausstrahlung. Es vermittelt einen festen Willen und wirkt geklärt und selbstsicher. Krafttier Lachs hat sein eigenes Lebensmotto: *„Eigenständigkeit ist die Voraussetzung für ein freies und selbstbestimmtes Leben. Nur wer bereit ist, die Verantwortung für sich zu tragen, wird sich selbst ein freies Wesen nennen können."*

WAS ES BEDEUTEN KANN, WENN KRAFTTIER LACHS BEI DIR AUFTAUCHT

Krafttier Lachs zeigt sich bei dir, wenn du es schwer hast, zu dir zu stehen. Du kannst natürlich erst so richtig zu dir stehen, wenn du weißt, wer du überhaupt bist beziehungsweise wer du sein möchtest. Vielleicht ist es wichtig, das jetzt für dich zu klären. Ansonsten wirst du dazu neigen, das zu tun, was andere für dich wollen. Krafttier Lachs fragt dich daher: *„Was willst du?! Wer willst du wirklich sein? Spüre in dich hinein. Es ist nicht leicht, in einer Welt voller unterschiedlichster Meinungen sich selbst treu zu bleiben. Achte stets darauf, dass du nah bei dir bleibst. Mache intellektuelle Ausflüge, schau dir Ideologien und Meinungen an. Aber am Ende musst du dir die Frage stellen: Passen diese zu mir?"* Krafttier Lachs ermutigt dich dazu, deinen eigenen Weg zu gehen, selbst nachzuschauen und nicht zu viele Ideen von anderen zu übernehmen. Es bringt aber auch folgenden Hinweis mit sich: *„Man lässt niemanden im Stich."*

MIT KRAFTTIER LACHS SCHAMANISCH ZUSAMMENARBEITEN

Wenn du deinem ganz eigenen Weg folgen möchtest und deine innere Festigkeit diesbezüglich stärken möchtest, bitte Krafttier Lachs um seine Unterstützung.

KRAFTTIER

LEGUAN

Die Essenz: Verbesserungen – Überprüfen – Entspannung

DIE EIGENSCHAFTEN VON KRAFTTIER LEGUAN

„Ich bin überaus interessiert an allem, was das Leben verbessert. Für jeden ist ‚besser' etwas anderes, ich weiß. Aber jeder möchte ja grundlegend ein besseres Leben haben, oder?" Mit diesen Worten kann sich Krafttier Leguan bei dir vorstellen. Insgesamt macht Krafttier Leguan einen recht entspannten Eindruck. Es lebt nach dem Motto: *„Mit der Ruhe kommt Klarheit. Sieht man besser, was da ist, kann man besser leben."* Krafttier Leguan hat außerdem einen guten Blick für Dinge, die man optimieren kann.

WAS ES BEDEUTEN KANN, WENN KRAFTTIER LEGUAN BEI DIR AUFTAUCHT

Steckst du gerade in einer Lebensphase, in der du vieles überdenkst? Krafttier Leguan ist da gerne mit dabei. Prüfe in aller Ruhe. Überprüfe dich selbst, deine alltäglichen Verhaltensweisen und deine grundlegenden Strategien. Vielleicht kann man hier und da noch etwas optimieren. Übertreibe es damit aber auch nicht. Denn ab einem bestimmten Punkt wird die ständige Optimierung ungesund. Lass das Ganze dann für eine Weile ruhen und sich entfalten. Krafttier Leguan zeigt sich auch oft dann, wenn jemand sehr angespannt ist.

MIT KRAFTTIER LEGUAN SCHAMANISCH ZUSAMMENARBEITEN

Lade Krafttier Leguan gerne dazu ein, bei Entspannungstechniken mitzuwirken.

KRAFTTIER

LEOPARD

Die Essenz: *Die Dinge anpacken – Ernsthaftigkeit – Überblick behalten*

DIE EIGENSCHAFTEN VON KRAFTTIER LEOPARD

Krafttier Leopard packt die Dinge direkt an, ohne den Überblick zu verlieren. Es nutzt eine Gelegenheit, wenn sie sich bietet. Ganz nach dem Motto: *„Erst das tun, was getan werden muss, dann darüber nachdenken."* Krafttier Leopard hat eine gewisse Ernsthaftigkeit in seinem Auftreten, verliert dabei aber auch nicht die Leichtigkeit. Es ergänzt sich gut mit Krafttier Pinguin.

WAS ES BEDEUTEN KANN, WENN KRAFTTIER LEOPARD BEI DIR AUFTAUCHT

Jetzt ist wohl eine gute Gelegenheit, etwas anzupacken, denn sonst wäre Krafttier Leopard nicht bei dir aufgetaucht. Wenn du ein großes Projekt vor dir hast oder viel Verantwortung für andere trägst, dann vergiss nicht, dass man auch hier am besten vorankommt, wenn man Schritt für Schritt geht. Es gibt immer einen nächsten Schritt, der sich jetzt gerade zeigt. Tue diesen und dann erst den Schritt danach. Vielleicht zeigt sich dir ein weiterer Weg auch erst dann, wenn du das getan hast, was jetzt bereits klar ist und auf dich wartet. Wenn du eine große Vision hast und dich für das Große und Ganze verantwortlich fühlst, kann das ein weiterer Grund sein, warum du Krafttier Leopard in dein Leben gezogen hast.

MIT KRAFTTIER LEOPARD SCHAMANISCH ZUSAMMENARBEITEN

Wenn du mehr Pragmatismus in dein Leben oder in deine schamanischen Übungen einbringen möchtest, bitte Krafttier Leopard um Hilfe. Es ist außerdem gut darin, dir den nächsten Schritt zu zeigen, falls du einmal den Überblick verloren hast.

KRAFTTIER

LIBELLE

Die Essenz: *Eigensinnigkeit – Selbstwert – Natürliche Neugierde*

MEINE ERFAHRUNGEN MIT KRAFTTIER LIBELLE

Ich finde das Design des Libellen-Körpers außergewöhnlich, so wie auch das der Gottesanbeterin. Mit Krafttier Libelle habe ich noch nicht viele Erfahrung gesammelt, aber das Tier an sich finde ich spannend. Immer wenn ich eine Libelle sehe, freue ich mich. Ich vermute, dass es vielen anderen auch so geht, denn ich wurde schon öfter nach den Eigenschaften von Krafttier Libelle gefragt.

DIE EIGENSCHAFTEN VON KRAFTTIER LIBELLE

Krafttier Libelle kann sich dir mit diesen Worten vorstellen: *„Ich bin eher für mich. Aber da bin ich in der Tiefe. Wenn ich mich vergleiche, dann mit jemandem, der ist wie ich, und mit keinem sonst. Ich bin eigensinnig und speziell. Ich kenne wenige wie mich, daher beschäftige ich mich gerne mit mir selbst. Aber nicht, weil ich egoistisch oder selbstverliebt bin, sondern, weil ich einfach Freude daran habe und deshalb auch auf der Erde bin. Eigensinnige Menschen fühlen sich zu mir hingezogen.“* Krafttier Libelle hat die Ausstrahlung von „etwas Besonderem“. Es ist, als würde man in eine andere Welt hineingezogen werden, wenn man Krafttier Libelle begegnet.

WAS ES BEDEUTEN KANN, WENN KRAFTTIER LIBELLE BEI DIR AUFTAUCHT

Krafttier Libelle taucht gerne bei Menschen auf, die ihren eigenen Wert noch nicht entdeckt haben. Menschen, die stärker auf andere schauen, sich mit anderen vergleichen, um darüber ihren Wert zu entdecken, werden von Krafttier Libelle gerne darauf hingewiesen, dass es das nicht braucht. Um die eigenen Kompetenzen beurteilen zu können, braucht es keinen Vergleich mit anderen. Es braucht nur die eigene Messlatte. Man selbst ist die Skala, an der man sich messen sollte. Da ist man frei. Jeder ist einzigartig. Krafttier Libelle möchte dich dazu ermutigen, dich nicht (immer) mit anderen zu vergleichen. Gehe deinen ganz eigenen Weg. Achte darauf, dass das, was du tust, auch dir nützt.

MIT KRAFTTIER LIBELLE SCHAMANISCH ZUSAMMENARBEITEN

Krafttier Libelle kann gut dabei helfen, deine Eigenheiten zu erkennen. Aber nicht, um dein Ego aufzuhübschen, sondern, um deinem wahren Selbst näherzukommen. Damit stichst du automatisch aus der Masse heraus, ob du willst oder nicht, ganz natürlich. Auch wenn du dich neugierig-forschend neuen Abenteuern widmen möchtest, ist Krafttier Libelle ein wunderbarer Begleiter.

KRAFTTIER

LÖWE

Die Essenz: *Selbsterkenntnis – Selbstbewusstsein – natürliche Autorität*

MEINE ERFAHRUNGEN MIT KRAFTTIER LÖWE

Vor einigen Jahren erlebte ich eine schwere berufliche Krise. Ich musste mich komplett neu erfinden und war glücklicherweise gezwungen, meinen ganz eigenen schamanischen Weg zu gehen. Krafttier Löwe hat mir in dieser Phase eine Menge Selbstvertrauen verliehen.

DIE EIGENSCHAFTEN VON KRAFTTIER LÖWE

Krafttier Löwe hat die Qualität eines starken Ichs. Es hat ein großes Selbstbewusstsein und strahlt tiefes Selbstvertrauen und tiefe Selbsterkenntnis aus: *„Ich bin jemand, der genau Bescheid weiß über sich selbst. Ich habe auch die Fähigkeit perfektioniert, mich selbst zu verschleiern, wenn ich mich nicht preisgeben möchte. Es gibt Situationen, da musst vielleicht auch du selbstbewusst wirken, obwohl du es nicht bist. Dabei kann ich dir helfen. Lass dein Ich leuchten, ohne es überzubewerten.“* Krafttier Löwe strahlt darüber hinaus eine natürliche Autorität aus.

WAS ES BEDEUTEN KANN, WENN KRAFTTIER LÖWE BEI DIR AUFTAUCHT

Krafttier Löwe taucht besonders dann auf, wenn es jemandem an Selbstvertrauen mangelt. Es gibt keinen Grund, dem eigenen Selbst nicht zu vertrauen. Aber wenn das Ich das Selbst abwertet, dann schwindet das Vertrauen. Krafttier Löwe möchte dich dazu ermutigen, dir selbst treu zu bleiben. Finde deine innere Stärke wieder. Da gibt es einen Ort in dir, der immer wie eine Sonne strahlt. Diese Sonne ist nicht kompromittierbar, egal, wie du denkst und fühlst. Krafttier Löwe hilft dir darüber hinaus, dich so zu sehen, wie du wirklich bist. Und je mehr du das tust, umso mehr strahlst du das auch aus.

MIT KRAFTTIER LÖWE SCHAMANISCH ZUSAMMENARBEITEN

Wenn du mehr Charisma, Präsenz im Raum oder Ausstrahlungskraft aufbauen möchtest oder wenn du mehr leuchten möchtest, arbeite viel mit Krafttier Löwe. Wenn du mit deinen Augen arbeitest, mit deiner Stimme oder dem Geruchssinn, kann dich Krafttier Löwe außerdem unterstützen, deine Fähigkeiten zu erweitern. Meditiere morgens bei Sonnenaufgang mit offenen Augen und nimm die Kraft der Sonne mit deinen Augen in dich auf. Stelle dir dann vor, wie auch die Sonne in deinem Inneren aufgeht und ihr Licht aus deinen Augen herausstrahlt. Die echte Sonne und die Sonne im Inneren strahlen dann gemeinsam. So erweckst du die Löwenkraft in dir.

KRAFTTIER

LUCHS

Die Essenz: *Eigentümlichkeit – Schlagfertigkeit – Unerwartetes*

DIE EIGENSCHAFTEN VON KRAFTTIER LUCHS

„Ich bin einer, der gern alleine unterwegs ist, sich aber auch mal traut, ein Risiko einzugehen. Menschen sind mir zwar suspekt, aber ich mag sie auch, weil sie so vielseitig sind." Auf diese Art kann sich Krafttier Luchs bei dir vorstellen. Seine großen Eigenschaften sind Eigentümlichkeit, Lebensfreude und Schlagfertigkeit. Krafttier Luchs hat die Qualität, spontan etwas zu tun oder zu sagen, was keiner erwartet hätte. Dass Krafttier Luchs am Werk war, merkt man erst, wenn es schon längst wieder weg ist. Denn es schleicht sich ein und macht meist völlig unbemerkt sein Ding.

WAS ES BEDEUTEN KANN, WENN KRAFTTIER LUCHS BEI DIR AUFTAUCHT

Wenn Krafttier Luchs sich bei dir meldet, kann es darum gehen, etwas zu wagen, das du dich bisher nicht getraut hast, weil du es dir noch nicht vorstellen konntest. Verlagere dann am besten deine Aufmerksamkeit auf das Ungewöhnliche. Verlasse deine gewohnte Denkweise. Mach einmal alles ganz anders. Traue dich, aus deinem Gewohnten herauszutreten. Beeile dich aber, denn die Zeit ist jetzt reif dafür. Krafttier Luchs will dir damit helfen, mehr zu deinem wahren Selbst zu finden. Dein Alltags-Ich ist der Hüter der Gewohnheiten, doch in alten Routinen kannst du dein Selbst nicht finden. Think out of the box!

MIT KRAFTTIER LUCHS SCHAMANISCH ZUSAMMENARBEITEN

Krafttier Luchs kann gut bei Nackenschmerzen helfen. Das mag seltsam klingen, das hat mir Krafttier Luchs aber genau so gesagt. Krafttier Luchs hilft außerdem gerne bei der Selbstfindung. Dein schamanisches Erbe kann dir leichter zugänglich werden, wenn du viel mit ihm zusammenarbeitest. Auch wenn du Ruhe für Meditationen oder schamanische Trance-Reisen brauchst, kann es dir helfen, dafür im Alltag Raum zu finden. Es gibt immer Möglichkeiten, auch wenn du sie gerade noch nicht sehen kannst.

KRAFTTIER

MANTA

Die Essenz: *Weisheit – Verbundenheit – Hingabe*

DIE EIGENSCHAFTEN VON KRAFTTIER MANTA

Krafttier Manta ist eins mit seiner Welt. Es steuert nicht selbst, sondern lässt sich von der Gesamtheit steuern. Es ist voll und ganz in der Hingabe. Krafttier Manta ist eins mit allem und seine Präsenz erinnert daran, dass du das auch bist. Das Leben ist ein ewiger Kreis. Alles kommt und geht. Krafttier Manta ist diese Erkenntnis.

WAS ES BEDEUTEN KANN, WENN KRAFTTIER MANTA BEI DIR AUFTAUCHT

Krafttier Manta kann bei dir mit dieser Weisheit auftauchen: *„Du bist eins mit deiner Welt. Auch wenn alles getrennt erscheint, ist dies in Wirklichkeit nicht so. Was dir außen begegnet, ist ein Teil deines Inneren. Du lebst gerade aus einer bestimmten Perspektive heraus, aus einem Körper. Aber in Wahrheit bist du die Ganzheit.“* Wenn Krafttier Manta sich bei dir zeigt, kannst du außerdem davon ausgehen, dass du bereit dafür bist, einen echten spirituellen Weg zu beschreiten. Es geht dann darum, dich auf deinen spirituellen Heimweg zu machen, zurück in die Erinnerung, dass alles eine Einheit ist. Die Welt ist weder für noch gegen dich. Die Welt ist ein Spiegel für dich, damit du dich selbst erleben kannst. Alles, was du als real anerkennst, ist es auch. Du erschaffst deine Welt ständig selbst, indem du sie beschreibst. Sie ist nicht objektiv, sondern deine subjektive Beschreibung. Krafttier Manta erinnert uns gerne daran und taucht dabei vor allem auf der Traumebene auf.

MIT KRAFTTIER MANTA SCHAMANISCH ZUSAMMENARBEITEN

Wenn du mehr Verbundenheit spüren möchtest, wende dich an Krafttier Manta.

KRAFTTIER

MARIENKÄFER

Die Essenz: Innere Ruhe – Gelassenheit – Aus sich herauskommen

DIE EIGENSCHAFTEN VON KRAFTTIER MARIENKÄFER

Krafttier Marienkäfer strahlt Ruhe und Gelassenheit aus. *„Lass die Dinge sein, wie sie sind. So bist du ständig in Meditation. Das ganze Leben ist dann eine einzige Meditation. Nichts bringt dich dann mehr aus deiner Ruhe."* Das ist seine Grundhaltung.

WAS ES BEDEUTEN KANN, WENN KRAFTTIER MARIENKÄFER BEI DIR AUFTAUCHT

Fährst du schnell aus der Haut? Oder solltest du einmal aus der Haut fahren, weil Dinge in dir angestaut sind, die schon längst hätten gesagt werden müssen? In beiden Fällen bist du in Resonanz mit Krafttier Marienkäfer. Es kann dir helfen, deine innere Ruhe zu entwickeln, aber auch, aus dir herauszukommen, wenn du dich schon zu lange in dein Schneckenhaus zurückgezogen hast. Wenn du etwas schon lange vor dir herschiebst, rufst du mit diesem Verhalten Krafttier Marienkäfer zu dir. Mit seiner Hilfe kommst du ins praktische Tun: Tue es jetzt. Sei kreativ, erschaffe etwas, verwirkliche dich. Warum noch länger damit warten? Was genau braucht es denn noch, damit du endlich loslegen kannst?

MIT KRAFTTIER MARIENKÄFER SCHAMANISCH ZUSAMMENARBEITEN

Wenn du energetische Altlasten loswerden möchtest, dann kann Krafttier Marienkäfer dir dabei gut helfen. Manchmal ist es sehr hilfreich, deinem Körper die Möglichkeit zu geben, so eine Altlast durch Bewegung auszudrücken, oder darüber zu schreiben, damit sie dich auf diesem Wege verlassen kann.

KRAFTTIER

MEER-SCHWEINCHEN

Die Essenz: *Selbstmitgefühl – Empathie – Lebensgeister wecken*

DIE EIGENSCHAFTEN VON KRAFTTIER MEERSCHWEINCHEN

Krafttier Meerschweinchen ist nie alleine. Es hat immer noch mindestens einen guten Freund mit dabei. Krafttier Meerschweinchen hat außerdem eine starke Ausstrahlung von Mitgefühl und bedingungsloser Liebe. Es ist sehr fein beziehungsweise sensibel. Aber gerade darin liegt seine Stärke, denn es kann sich in alles und jeden einfühlen.

WAS ES BEDEUTEN KANN, WENN KRAFTTIER MEERSCHWEINCHEN BEI DIR AUFTAUCHT

Krafttier Meerschweinchen will mitteilen, dass Mitgefühl etwas anderes ist als Mitleid. Mitleid und Selbstmitleid bestärken nur das, was keiner will: Leid. Warum soll es besser sein, wenn zwei leiden, im Vergleich zu dem Fall, wenn nur einer leidet? Mitgefühl und Selbstmitgefühl sind heilsam und lindern das Leid. Krafttier Meerschweinchen erklärt es so: *„Jemand sieht dich in deinem Leid und zeigt dir, dass du nicht alleine damit bist. Das ist Mitgefühl.“*

Bist du sehr empathisch, vielleicht zu empathisch? Nimmst du zu viel wahr? Bist du sehr sensibel? Dann ist es sehr wahrscheinlich, dass Krafttier Meerschweinchen deshalb bei dir auftaucht. Denn es unterstützt gerne diejenigen, die eher eine dünne Haut haben. Falls du dich zu weit zurückgezogen hast, weil die Welt bisher hart zu dir war, will Krafttier Meerschweinchen dir helfen, deine Lebensgeister wiederzuerwecken. Es baut dich dann mit einfühlsamen Worten auf: *„Es lohnt sich, sich wieder in die Welt hinauszuwagen. Habe Mitgefühl mit dir selbst. Reiche dir selbst die Hand und führe dich wieder nach oben und hinaus an die frische Luft.“*

MIT KRAFTTIER MEERSCHWEINCHEN SCHAMANISCH ZUSAMMENARBEITEN

Wenn du zu denen gehörst, die sehr viel spüren, die vielleicht dadurch auch zu viel von anderen aufnehmen, dann kannst du mit Krafttier Meerschweinchen lernen, besser für dich da zu sein. Achte auf dich und bitte es um Kraft und Rat.

KRAFTTIER

MILAN

Die Essenz: *Bedeutsamkeit – Selbstbefreiung – Loslassen*

DIE EIGENSCHAFTEN VON KRAFTTIER MILAN

Krafttier Milan prophezeit uns: *„Wer unbedingt jemand sein möchte, der geht von einem inneren Mangel aus und wird den Mangel dann auch erleben."* Krafttier Milan steht außerdem dafür, dass alles Bedeutung hat und nichts bedeutender ist als etwas anderes. Es hat die Kraft der Selbstbefreiung. Blickt es tief in uns hinein, können wir spüren, wo wir uns selbst Fesseln angelegt haben.

WAS ES BEDEUTEN KANN, WENN KRAFTTIER MILAN BEI DIR AUFTAUCHT

Wenn Krafttier Milan bei dir auftaucht, solltest du dir vielleicht diesen Denkanstoß zu Herzen nehmen: Vergleiche dich nicht mit anderen. Nimm dich so, wie du bist. Erst dann wirst du deine Bedeutsamkeit spüren. Möchtest du bedeutend sein und tust ganz viel dafür, wirst du immer weiter einen Mangel in dir spüren. Krafttier Milan taucht bei dir auf, wenn du vergessen hast, dass du Bedeutung hast, einfach weil du bist. Befreie dich von Ideen, Anforderungen und Lebenskonzepten, die nicht zu dir passen. Mache dich frei. Lass los. Selbst wenn du äußerlich in gewissen Umständen feststeckst und dein Leben sich nicht frei anfühlt, kannst du dich innerlich immer davon lösen. Finde Wege, dies zu tun. Und bald darauf folgt dann auch die äußere Freiheit. Kämpfe nicht gegen dich an, sondern lass los, was nicht passt. Krafttier Milan rät dir, deine Kraft nicht zu verschwenden, weil du Schlimmes erwartest, was noch gar nicht feststeht. Vielleicht kommt es ja ganz anders, als du denkst, und es wird ganz leicht. Gehst du vorher schon vom Schlimmsten aus, wird das viel wahrscheinlicher eintreffen, und du hast dann weniger Kraft zur Verfügung, wenn du sie wirklich brauchst.

MIT KRAFTTIER MILAN SCHAMANISCH ZUSAMMENARBEITEN

Krafttier Milan ist gut darin, „frische Luft" in den Geist zu bringen. Wenn sich in dir alles zu fest und eng anfühlt, rufe Krafttier Milan und lass dir deinen inneren Freiraum von ihm zeigen.

KRAFTTIER

MÖWE

Die Essenz: Zurückhaltung – Zeitqualität – Wachsam sein

DIE EIGENSCHAFTEN VON KRAFTTIER MÖWE

Krafttier Möwe bleibt gerne eher im Hintergrund. Es ist zurückhaltend und beobachtet erst mal mit etwas Distanz, bevor es zum rechten Zeitpunkt aktiv wird. Wenn sich Krafttier Möwe schließlich zeigt, dann zeigt es sich aber so richtig. Es hat immer einen wachsamen Blick, damit es nichts Wichtiges verpasst.

WAS ES BEDEUTEN KANN, WENN KRAFTTIER MÖWE BEI DIR AUFTAUCHT

Krafttier Möwe warnt uns gerne, wenn sich etwas anbahnt, das wir so nicht eingeplant hatten. Es hat außerdem ein gutes Gespür dafür, wann die richtige Zeit für Handlungen ist: *„Sei auf der Hut. Es könnte etwas geschehen, das du so nicht erwartet hättest. Oft sind Menschen viel zu schnell in der Handlung. Sie reagieren oft aus der Emotion heraus. Und damit schaffen sie sich dann Probleme, die nicht sein müssten."*
Krafttier Möwe rät dir dann, noch etwas abzuwarten und erst einmal weiter zu beobachten. Lass am besten alles noch etwas wirken und schaue dann, ob eine Handlung überhaupt noch erforderlich ist. Manche Dinge lösen sich auch ganz von alleine, wenn man ihnen die Möglichkeit dafür einräumt. Und wenn du dann doch handeln musst, dann tue es ganz direkt. Krafttier Möwe gibt dir außerdem mit auf den Weg: *„Alle Handlungen, die um zehn Ecken gehen, schaffen Verwirrung. Löse deine Probleme direkt. Sprich etwas direkt an. Geh den offensichtlichen Weg. Aber bleibe wachsam. Achte auf alles, was wichtig sein könnte."*

MIT KRAFTTIER MÖWE SCHAMANISCH ZUSAMMENARBEITEN

Wenn ein alter Schrecken in dir haust, eine Erschütterung aus früheren Zeiten, bitte Krafttier Möwe um Hilfe. Es kann dir helfen, zu erkennen, was genau da ist. Wenn du deine Menschenkenntnis verbessern möchtest, ist Krafttier Möwe auch ein super Begleiter.

NACHTFALTER

Die Essenz: *Lichtbringer – Hohe Schwingungen – Schamanenkraft*

DIE EIGENSCHAFTEN VON KRAFTTIER NACHTFALTER

Krafttier Nachtfalter bringt die Weisheit über Licht und Dunkelheit: *„Man kennt kein Licht, wenn man die Nacht nicht kennt. Dunkelheit an sich gibt es nicht. Sie ist einfach die Abwesenheit von Licht. Und Licht ist die Quelle von allem. Selbst in der dunkelsten Nacht gibt es immer etwas Licht. Ich bin der, der hilft, das Licht zu sehen."* Hoch schwingende Energie ist die Heimat von Krafttier Nachtfalter. Es ist pures Licht.

WAS ES BEDEUTEN KANN, WENN KRAFTTIER NACHTFALTER BEI DIR AUFTAUCHT

Wenn Krafttier Nachtfalter sich bei dir zeigt, dann will es dir vermutlich den Weg zu höher schwingenden Energiefeldern zeigen. Vielleicht hängst du gerade fest? Vielleicht bist du gerade down? Krafttier Nachtfalter reicht dir die Hand, ihm zu folgen. Es kann dich mitziehen, aber du musst es wirklich wollen und dich auch selbst auf den Weg machen. Krafttier Nachtfalter möchte dir eventuell auch helfen, spirituelle Erfahrungen oder Übungen zu verstehen und in deinen Alltag zu integrieren.

MIT KRAFTTIER NACHTFALTER SCHAMANISCH ZUSAMMENARBEITEN

Krafttier Nachtfalter kann dir das höchste Licht zeigen, und wie du es in den Alltag bringen kannst. Du musst aber bereit dafür sein, denn das kann man nicht erzwingen.

KRAFTTIER

NASHORN

Die Essenz: *Schaffenskraft – Lebenskraft – Neubeginn*

DIE EIGENSCHAFTEN VON KRAFTTIER NASHORN

Krafttier Nashorn ist fasziniert von allem Neuen und Unbekannten: *„Ich bin immer dann anwesend, wenn etwas wirklich Neues entsteht. Das kommt selten vor, denn die meisten Dinge sind Wiederholungen."* Krafttier Nashorn hat eine Menge Antrieb. Es sprüht vor Kreativität, möchte ständig etwas bewirken, achtet aber sehr genau darauf, wo es seine Kraft investiert. Krafttier Nashorn ist darüber hinaus wählerisch.

WAS ES BEDEUTEN KANN, WENN KRAFTTIER NASHORN BEI DIR AUFTAUCHT

Wenn du vor einer wichtigen Entscheidung stehst, wie es weitergehen soll, dann rufe Krafttier Nashorn auf den Plan. Es steht dann einfach da und blickt dich an. Sein Blick soll dir helfen, dich nicht mit belanglosen Dingen zu beschäftigen, sondern deine Energie auf dieses wichtige Ereignis zu lenken, vor dem du stehst: die Abzweigung auf deinem Lebensweg. Wenn Krafttier Nashorn bei dir auftaucht, geht es mit Sicherheit bei dem, was auch immer gerade in deinem Leben los ist, um etwas Wichtiges. Da Krafttier Nashorn eine Menge Lebenskraft besitzt, kannst du von dieser profitieren, wenn es bei dir ist. Es bringt auch die Botschaft mit sich, die Lebenskraft nicht zu vergeuden: *„Überlege dir doch einmal vorab, wofür genau du deine Schaffenskraft einsetzen möchtest, anstatt einfach loszulegen, um dann irgendwann zu merken, dass dir der Saft ausgegangen ist."*

MIT KRAFTTIER NASHORN SCHAMANISCH ZUSAMMENARBEITEN

Krafttier Nashorn ist ein guter Ratgeber, wenn es um wichtige Lebensentscheidungen geht. Auch bei der Orakelarbeit kannst du einiges von ihm lernen.

KRAFTTIER

OKTOPUS

Die Essenz: *Lügendetektor – Multitasking – Schwingungen wahrnehmen*

DIE EIGENSCHAFTEN VON KRAFTTIER OKTOPUS

Krafttier Oktopus bleibt gerne unerkannt und pflegt vor allem einen indirekten Kontakt. Es bekommt sehr viel mit und es ist kaum möglich, etwas vor ihm zu verbergen. Krafttier Oktopus kann außerdem vieles gleichzeitig erledigen, weiß aber ganz genau, wo es ist und was es macht. Für Krafttier Oktopus ist die Welt eine Welt der Schwingungen. Es kann alles wahrnehmen, was es will.

WAS ES BEDEUTEN KANN, WENN KRAFTTIER OKTOPUS BEI DIR AUFTAUCHT

Krafttier Oktopus gesellt sich gerne dazu, wenn es Menschen schwerfällt, mit anderen warm zu werden oder sich auf andere einzugrooven. Es kann dir helfen, dich auch mit Menschen wohlzufühlen, bei denen du dich normalerweise nicht so wohlfühlst. Und es kann dir helfen, zu spüren, wann der richtige Zeitpunkt ist, diese Menschen zu verlassen. Verpasst du diesen Moment, raubt dir das enorm viel Kraft. Betrachtest du die Welt nicht als eine Welt der Objekte, sondern als eine Welt der Schwingungsfelder, betrittst du eine ganz andere Realität. Und genau hier kann dich Krafttier Oktopus wunderbar führen und lehren. Achte weniger auf die Objekte und spüre verstärkt die Energiefelder. Dann wirst du vielleicht besser mit der Welt zurechtkommen.

MIT KRAFTTIER OKTOPUS SCHAMANISCH ZUSAMMENARBEITEN

Wenn du komplexe schamanische Tätigkeiten ausführst, kann dir Krafttier Oktopus helfen, alles gut zu koordinieren. Arbeitest du viel mit ihm zusammen, kannst du irgendwann seine Eigenschaften übernehmen. Außerdem kannst du, wenn du deine Fähigkeiten der Fernwahrnehmung trainieren möchtest, Krafttier Oktopus gerne um Hilfe bitten.

KRAFTTIER

OTTER

Die Essenz: *Aktivität – Lebensfreude – Inneres Kind heilen*

DIE EIGENSCHAFTEN VON KRAFTTIER OTTER

Krafttier Otter ist ein Meister der gegensätzlichen Zustände und gewinnt daraus seine positive Ausstrahlung: *„Ich bin nicht sehr aktiv. Aber wenn es sein muss, dann bin ich hochaktiv. Der Wechsel zwischen hoher Aktivität und viel Ruhe bringt mich immer und immer wieder in einen glückseligen Zustand."* Krafttier Otter strahlt reinste Lebensfreude aus. Es spricht das innere Kind an. Es hat aber auch den Gegenpol voll im Griff, nämlich das nackte Überleben.

WAS ES BEDEUTEN KANN, WENN KRAFTTIER OTTER BEI DIR AUFTAUCHT

Krafttier Otter schaut gerne zu, wenn wir Menschen lernen, unseren modernen Alltag noch besser zu organisieren. Krafttier Otter taucht aber auch dann auf, wenn du deine Balance zwischen Aktivität und Passivität nicht so recht finden kannst. Denn es braucht beides im Leben. Zu viel Herumsitzen macht unglücklich. Zu viel Arbeiten laugt aus. Krafttier Otter rät dir: *„Mach mal das eine und mal das andere. Finde hier deine Mitte. Vielleicht ist deine Mitte bei 30 % Passivität und 70 % Aktivität. Es geht nicht darum, 50:50 zu erreichen, sondern herauszufinden, wo dein Gleichgewicht ist."* Krafttier Otter hat etwas Mütterliches an sich. Es ist für dich da, wenn du dich fühlst, als bräuchtest du jemanden, der dich behütet und auf dich aufpasst, damit du Kind sein kannst.

MIT KRAFTTIER OTTER SCHAMANISCH ZUSAMMENARBEITEN

Verletzungen aus der Kindheit, insbesondere zugefügt durch die Mutter, können mit der Kraft von Krafttier Otter ins Gleichgewicht gebracht werden. Krafttier Otter beruhigt das innere Kind und auch Kinder.

KRAFTTIER

PFAU

Die Essenz: *Anmut – Einzigartigkeit – Selbstbewusstsein*

MEINE ERFAHRUNGEN MIT KRAFTTIER PFAU

Ich hatte vor etlichen Jahren eine eindrückliche Erfahrung mit der Energie von Krafttier Pfau. Davor kannte ich dieses besondere Krafttier nicht wirklich. In einem Seminar ging es darum, zu lernen, wie man Krafttiere in sich hineinruft, um sie durch sich wirken zu lassen. Und ich kam auf die glorreiche Idee, es den Teilnehmenden zu überlassen, mit welchem Krafttier ich dies vorführen würde. Eine Teilnehmerin schlug sofort Krafttier Pfau vor. Gesagt, getan. Was dann geschah, hat nicht nur mich sehr beeindruckt, sondern auch alle Seminarteilnehmenden. Wir haben an diesem Tag alle gelernt: Unterschätze nie Krafttier Pfau!

DIE EIGENSCHAFTEN VON KRAFTTIER PFAU

Krafttier Pfau hat die Frequenz von Anmut. Mit Anmut ist nicht Narzissmus oder Selbstüberschätzung gemeint. Anmut ist, zu sich und der eigenen besonderen Einzigartigkeit zu stehen und diese ganz natürlich strahlen zu lassen. Krafttier Pfau zeigt sich gerne und fällt gerne auf, tut dies aber nicht übertrieben, sondern ganz authentisch. Krafttier Pfau hat so eine Art an sich, die dazu ermutigen kann, aus sich herauszugehen, die Komfortzone zu verlassen und zu entdecken, wer oder was man sonst noch so sein kann. Krafttier Pfau erfindet sich immer wieder neu.

WAS ES BEDEUTEN KANN, WENN KRAFTTIER PFAU BEI DIR AUFTAUCHT

Krafttier Pfau taucht gerne bei Menschen auf, die sich nicht trauen, sich in der Welt mit ihrer Einzigartigkeit zu zeigen. Es möchte dich dann dazu ermutigen, authentisch zu sein. Sei einfach du selbst. Zeig, wer du bist. Fall auf, sei bunt. Finde die Ruhe in dir, sodass du außen aktiv sein und dich dabei sicher fühlen kannst. Verlasse deine Komfortzone, aber auf deine eigene Art und Weise. Man muss nicht voll aufdrehen, um sichtbar zu sein. Man kann auch unscheinbar sehr kraftvoll sein. Sei nicht dein früheres Ich, sondern dein heutiges Ich. Gib dir den Raum für neue, gute Erfahrungen.

MIT KRAFTTIER PFAU SCHAMANISCH ZUSAMMENARBEITEN

Wenn du gerne lehrst, in Seminaren, Workshops, Vorträgen und auch in Einzelsitzungen, dann kann Krafttier Pfau dir dabei helfen, noch unterhaltsamer zu lehren. Krafttier Pfau zeigt dir gerne deine Entertainer-Qualitäten auf, und wie du sie auf authentische Weise leben kannst. Bei Heilarbeiten kann es dabei helfen, Dinge anzustupsen, die sich schon sehr weit zurückgezogen haben. So können sie den Weg wieder zurück ins Leben finden. Krafttier Pfau kann dir außerdem zeigen, wie du alte Verletzungen in der Gegenwart neu bewerten kannst.

KRAFTTIER

PFERD

Die Essenz: Mitgefühl – Soziale Gerechtigkeit – Verantwortung

MEINE ERFAHRUNGEN MIT KRAFTTIER PFERD

Krafttier Pferd ist mir immer wieder einmal begegnet. Es begleitet Menschen recht gerne, besonders die eher sensiblen von uns. Da ich immer wieder einmal nach Einhörnern gefragt werde, habe ich Krafttier Pferd dazu befragt, was es mit Einhörnern auf sich hat. Krafttier Pferd meinte zu mir, dass es im Grunde keinen großen Unterschied macht, ob es sich mit oder ohne Horn zeigt. Manche Menschen können es jedoch besser mit Horn annehmen. Die Sache mit dem Horn hat einen geschichtlichen Hintergrund: Die Hörner von Narwalen wurden vor ein paar Jahrhunderten als Wundermittel verkauft. Daraus entstanden dann magische Geschichten über Pferde mit einem Horn auf der Stirn. Die Geschichten haben sich ins Unbewusste der Menschen eingegraben, daher kann auch einmal ein Einhorn auftauchen, auch wenn es sich dabei um Krafttier Pferd handelt.

DIE EIGENSCHAFTEN VON KRAFTTIER PFERD

Krafttier Pferd hat die besondere Qualität, Schleier zu lüften. Wenn man etwas auf eine Art sieht oder hört, die es in Wirklichkeit nicht ist, deckt Krafttier Pferd die Wahrheit auf. Es achtet außerdem auf Zusammenhalt in der Gruppe. Ihm ist dabei besonders wichtig, aufeinander zu achten, besonders auf die Schwächsten. Diese sollte man mitziehen und diejenigen, die später dann so weit sind, wieder freilassen. Krafttier Pferd hat eine Menge Mitgefühl für alle Andersartigen. Es steht dafür ein, Verantwortung zu übernehmen, wenn jemand anderes sie selbst nicht tragen kann.

WAS ES BEDEUTEN KANN, WENN KRAFTTIER PFERD BEI DIR AUFTAUCHT

Krafttier Pferd ist freigiebig und mitfühlend: *„Wenn ich bei dir bin, dann deshalb, weil ich dir mein Mitgefühl schenken möchte. Wenn du dich selbst oder jemand anderen zur Eigenständigkeit erziehen möchtest, bin ich gerne an deiner Seite, um dich zu unterstützen."* Krafttier Pferd ist ein richtiger Sozialarbeiter. Es inspiriert zum harmonischen Miteinander, aber so, dass alle möglichst eigenständig und frei sein können. Jeder soll auf die gleiche Art gehört und gesehen werden. Wenn Krafttier Pferd bei dir auftaucht, steckst du vielleicht in einer Situation, in der du zu viel Verantwortung trägst. Schau dann am besten, wie und wem du die Verantwortung wieder zurückgeben kannst.

MIT KRAFTTIER PFERD SCHAMANISCH ZUSAMMENARBEITEN

Wenn jemand Angst vor Verantwortung und Konsequenzen hat, ist Krafttier Pferd ein heilender Unterstützer. Auch wenn es darum geht, erwachsen zu werden und innere Kindanteile zu aktualisieren, alte Sichtweisen aufzugeben und Mitgefühl für sich selbst und andere zu entwickeln, ist es ein wunderbarer Helfer. Wenn du den Zusammenhalt in einer Gruppe stärken möchtest, kannst du ebenfalls Krafttier Pferd kontaktieren.

KRAFTTIER

PHÖNIX

Die Essenz: *Wandlung –*
Die Dinge ziehen lassen – Alles geht vorbei

DIE EIGENSCHAFTEN VON KRAFTTIER PHÖNIX

„Ich bin ein Feuergeist. Das ist auch nur ein Wort, ich weiß. Aber es beschreibt mich am besten. Ja, ich bin auch ein Krafttier. Aber keines, wie ihr euch denkt. Feuer ist mein Element. Es zeigt mich in meinem aktiven Ausdruck und in meiner Wandlungsfähigkeit. Immer, wenn ihr ein Feuer rituell anmacht, bin ich ein stiller Beobachter." So kann sich Krafttier Phoenix bei dir vorstellen.

WAS ES BEDEUTEN KANN, WENN KRAFTTIER PHÖNIX BEI DIR AUFTAUCHT

Krafttier Phönix möchte dich beruhigen und dir folgende Sichtweise eröffnen: *„Alles geht vorbei. Darauf kannst du dich verlassen. Es kann dir ein gutes Gefühl geben, wenn du das einfach akzeptierst. Tust du das nicht, bist du in einer Krise. Die guten Dinge wandeln sich und die schlechten Dinge auch. Und wenn es dir einmal nicht gut geht, erinnere dich daran, dass auch das vorbeigehen wird."* Krafttier Phönix taucht auf, wenn du in einer Lebensphase bist, in der sich vieles wandelt. Altes geht und Neues kommt. Das ist ein ganz natürlicher Prozess. So wie das Feuer das eine (zum Beispiel Holz) in das andere (zum Beispiel Asche) verwandelt und daraus wieder etwas Neues erwachsen kann, so ist auch dein Leben in einem ständigen Prozess. Krafttier Phönix rät dir daher: *„Halte nicht fest an den Dingen. Lass sie vorüberziehen wie die Wolken am Himmel. Auch sie kannst du nicht festhalten. Nur ein Tor würde auf die Idee kommen, Wolken festhalten zu wollen."*

MIT KRAFTTIER PHÖNIX SCHAMANISCH ZUSAMMENARBEITEN

Mit Krafttier Phönix zusammen kannst du besonders kraftvolle Feuer-Rituale durchführen, zum Beispiel zum Loslassen oder zum Kraft-Aufbauen. Lade es bei deinem Ritual einfach ein, daran mitzuwirken. Du wirst merken, dass das Feuer dann sofort seine Qualität ändert. Es wird dadurch zu einem heiligen Feuer.

KRAFTTIER

PINGUIN

Die Essenz: *Ins Tun kommen – Humor – Auf den Körper hören*

DIE EIGENSCHAFTEN VON KRAFTTIER PINGUIN

Krafttier Pinguin springt gerne auf humorvolle, spaßige Art und Weise ins kalte Wasser. Es lässt ungern etwas anbrennen. Selbst wenn eine Sache ernst ist, probiert Krafttier Pinguin, es locker und leicht anzugehen. Es ist sehr mit dem Körperlichen verbunden und hat Spaß daran, sich über den Körper auszudrücken, mit dem Körper zu spüren und sich körperlich auszutauschen. Krafttier Pinguin hat eine Verbindung zu Krafttier Leopard.

WAS ES BEDEUTEN KANN, WENN KRAFTTIER PINGUIN BEI DIR AUFTAUCHT

Krafttier Pinguin möchte dich dazu anregen, deinem Körper einmal das Ruder zu überlassen. Wenn dein Körper mit dir durchs Leben tanzen möchte, lass es zu. Denk nicht so viel nach, sondern tue instinktiv das Richtige. Dein Körper weiß genau, was du jetzt gerade brauchst. Höre auf ihn. Wenn Krafttier Pinguin sich bei dir meldet, hast du vielleicht auch schon viel zu lange bei einer Sache gezögert. Aber es ist noch nicht zu spät, um deine Ideen in die Tat umzusetzen. Krafttier Pinguin möchte dich auch gerne dazu inspirieren, etwas mit Humor zu nehmen und dir nicht mit lauter Grübeleien den Kopf zu zerbrechen. Krafttier Pinguin ist sich ganz sicher, dass sich alles schon finden wird.

MIT KRAFTTIER PINGUIN SCHAMANISCH ZUSAMMENARBEITEN

Schamanischen Trance-Tanz kann man sehr gut mit Krafttier Pinguin lernen und üben.

KRAFTTIER

PUMA

Die Essenz: *Die Kraft des Augenblicks nutzen – Unsichtbarkeit – Ausharren*

DIE EIGENSCHAFTEN VON KRAFTTIER PUMA

Krafttier Puma ist nicht gut greifbar. Es ist fast unsichtbar und kaum spürbar. Aber wenn es aktiv wird, ist es überaus kraftvoll. Wenn Krafttier Puma zu einem Menschen kommt, dann kommt es ganz plötzlich. Seine Botschaften sind nicht immer leicht zu entschlüsseln beziehungsweise in Worte zu fassen. Man muss hier auch zwischen den Zeilen lesen.

WAS ES BEDEUTEN KANN, WENN KRAFTTIER PUMA BEI DIR AUFTAUCHT

Krafttier Puma möchte dich motivieren: *„Packe zu. Sei voll da. Sei aktiv und tue, was getan werden sollte. Das, was direkt vor dir ist, ist das, was nach einer Aktion ruft. Denke nicht über den zweiten Schritt nach. Gehe den ersten. Warte auf diesen ersten Schritt, bis er da ist. Und der nächste ist dann wieder der erste."* Krafttier Puma möchte dich beruhigen, wenn scheinbar nichts vorangeht beziehungsweise alles passiv wirkt. Der Schein kann trügen. Manchmal ist das nur die Ruhe vor dem Sturm. Bleibe vollkommen da und achte auf Feinheiten. Wenn du es mit Menschen zu tun hast, die sehr still sind, lass dich auch davon nicht aus der Ruhe bringen.
Krafttier Puma macht dich auch auf Folgendes aufmerksam: *„Menschen stellen sich oft vor, wie etwas sein wird. Sie lassen ihrer Fantasie freien Lauf. Aber probiere doch mal zu warten, bis der Moment gekommen ist, ohne dir vorab etwas vorzustellen. Dein Verstand kann in der Regel nicht so lange Ruhe geben. Aber schaffst du es, einem Ereignis vollkommen vorurteilsfrei zu begegnen, dann hast du die volle Kraft des Moments auf deiner Seite und kannst unglaubliche Dinge bewirken."* Sei daher geduldig und warte auf den rechten Zeitpunkt für deine Handlungen. Wenn du dich schon vorab mit allen möglichen Gedankengeschichten verrückt machst, die wahrscheinlich später sowieso nicht eintreffen, verpasst du vielleicht am Ende noch, um was es wirklich geht.

MIT KRAFTTIER PUMA SCHAMANISCH ZUSAMMENARBEITEN

Krafttier Puma kann dich im Übergang zwischen Ausharren und Loslegen unterstützen: *„Du kannst mit mir zusammen trainieren, mit einem leeren Geist auf den rechten Zeitpunkt zu warten und dich dann von der Kraft des Augenblicks in die Handlung bringen zu lassen."*

KRAFTTIER

QUALLE

Die Essenz: *Ungestört sein – Lebensqualität schaffen – Seelenplan erkennen*

DIE EIGENSCHAFTEN VON KRAFTTIER QUALLE

Krafttier Qualle ist gerne ungestört und möchte am liebsten in Ruhe gelassen werden. Es kann sich sehr gut abgrenzen und ihm ist es wichtig, dass die Qualität des Lebens stimmt. Um das zu erreichen, achtet Krafttier Qualle sehr auf seine Ressourcen, und wie es sie einsetzt. Es ist auch dafür bekannt, einzelne Puzzleteile zu einem großen Bild zusammenfügen zu können. Krafttier Qualle fasst seine Eigenschaften in dieser Aussage zusammen: *„Ich bin gut darin, einfach da zu sein und die anderen den Rest machen zu lassen."*

WAS ES BEDEUTEN KANN, WENN KRAFTTIER QUALLE BEI DIR AUFTAUCHT

Krafttier Qualle taucht gerne dann auf, wenn es an der Zeit ist, dem eigenen Seelenplan mehr und mehr auf die Schliche zu kommen. Der Seelenplan ist so etwas wie ein Motto deines Lebens oder ein Metathema, bei dem es wichtige Dinge zu lernen oder zu erleben gibt. Dieser Plan zeigt sich ständig auf symbolische Weise in deinem Alltag. Alles, was dir geschieht, was sich in deinem Alltag zeigt, beinhaltet Botschaften von dir als Seele. Der Verstand filtert diese Botschaften in der Regel heraus und sieht zum Beispiel nur eine Aufforderung des Chefs, ein hupendes Auto oder jemanden, der sich an der Kasse vordrängelt. Aber all diese Begebenheiten können dir den Grund aufzeigen, warum du in diesem Leben steckst. Es kann zum Beispiel bedeuten, dass du lernen solltest, auch einmal eigenverantwortlich etwas zu tun, eine wichtige Entscheidung nochmals zu überdenken oder dir die alltäglichen (ärgerlichen) Dinge nicht so zu Herzen zu nehmen. Sei wach für diese Botschaften. Vielleicht hat sich Krafttier Qualle auch bei dir gemeldet, weil du zu denen gehörst, die dazu neigen, die Arbeit immer gleich an sich zu reißen. Lass doch auch einmal die anderen etwas arbeiten und schau erst mal zu. Wenn du gebraucht wirst, werden sie sich schon bei dir melden. Immer mit der Ruhe. Es gibt genug Arbeit für alle.

MIT KRAFTTIER QUALLE SCHAMANISCH ZUSAMMENARBEITEN

Wenn du mehr und mehr lernen möchtest, die Symbole des Lebens zu deuten, bitte Krafttier Qualle um Anleitung. Achte aber darauf, dass du nicht zu fordernd an dieses Krafttier herantrittst, denn sonst kann es sein, dass es dein Gesuch abweist. Auch wenn dir der rote Faden bei etwas fehlt, kann dir Krafttier Qualle dabei helfen, mehr Struktur und Übersicht zu bekommen.

KRAFTTIER

RABE

Die Essenz: *Botschafter – Verwandlung – Nichtalltägliches Bewusstsein*

DIE EIGENSCHAFTEN VON KRAFTTIER RABE

Krafttier Rabe ist ein Botschafter, der sich sehr gut in der nichtalltäglichen Welt auskennt. Es fällt ihm sehr leicht, wichtige Botschaften von einem Ort zum anderen zu bringen: *„Ich bin auf allen Ebenen zu Hause und die Verbindung zwischen ihnen."* Krafttier Rabe ist sehr wandelbar. Es kann sich zeigen, wie es möchte, und spielt gerne mit unterschiedlichen Rollen. Es ist ein richtiger Verwandlungskünstler. Zudem ist es Experte darin, etwas auf null zurückzusetzen, damit dort etwas ganz Neues entstehen kann.

WAS ES BEDEUTEN KANN, WENN KRAFTTIER RABE BEI DIR AUFTAUCHT

Krafttier Rabe kann bei dir auftauchen, weil es eine wichtige Botschaft für dich hat. In der Regel geht es dabei um etwas, das dich auf deinem spirituellen Heilungsweg voranbringen wird. In so einem Fall ist es dann nur der Überbringer. Wenn aber Krafttier Rabe seinetwegen bei dir auftaucht, dann kann es sein, dass es dich auf deine Rollen im Alltag aufmerksam machen möchte. Reagierst du nur in deinen Alltagsrollen? Oder spielst du sie bewusst? Weißt du, wann du wer bist? Und wie geht es dir damit? Sei dir deiner Rollen bewusst. Sei dir bewusst, dass du der bist, der eine Rolle spielt, und nicht die Rolle selbst. Vielleicht hast du es auch satt, eine bestimmte Rolle zu spielen, weil sie eigentlich gar nicht zu dir passt. Krafttier Rabe rät dir dann dazu, dich zu verwandeln und mehr du selbst zu sein. Es kann auch sein, dass Krafttier Rabe dich daran erinnern möchte, dass du mehr als dein physischer Körper bist. Beschäftige dich dann mit deinem spirituellen Sein. Krafttier Rabe hilft auch gerne dabei, das Zuhören zu lernen, nicht nur im Alltag, sondern auch, wenn es darum geht, in sich hineinzuhören. Entdecke dein wahres Selbst. Du bist mehr als dein Alltags-Ich.

MIT KRAFTTIER RABE SCHAMANISCH ZUSAMMENARBEITEN

Wenn du außerkörperliche Erfahrungen sammeln möchtest beziehungsweise dein energetisches Sein stärker ins Bewusstsein bringen möchtest, kann Krafttier Rabe ein guter Helfer für dich sein. Wenn du Schwierigkeiten hast, dich bei schamanischen Trance-Reisen zu orientieren, kann es dir außerdem dabei helfen, den Überblick zu bewahren. Krafttier Rabe kann auch ein guter Unterstützer sein, wenn es darum geht, alte Gewohnheiten abzulegen.

KRAFTTIER

RATTE

Die Essenz: *Hilfsbereitschaft – An andere denken – Freier Wille*

DIE EIGENSCHAFTEN VON KRAFTTIER RATTE

Krafttier Ratte ist sehr sozial eingestellt. Es achtet immer auf seine Gefährten. Allen soll es gut gehen. In seinen Vorstellungen ist Krafttier Ratte sehr eindeutig: *„Ich bin immer bereit, zu helfen, wenn derjenige, der meine Hilfe bekommt, auch bereit ist, seinen Part zu übernehmen. Wenn jemand faul ist, dann möchte ich ihm nicht helfen."* Krafttier Ratte hat auch eine Qualität von „leben und leben lassen".

WAS ES BEDEUTEN KANN, WENN KRAFTTIER RATTE BEI DIR AUFTAUCHT

Krafttier Ratte taucht dann bei dir auf, wenn du etwas nicht alleine schaffst. Es steigt dann in deinen Arbeitsprozess mit ein – aber anfangen musst du schon selbst. Krafttier Ratte ist außerdem immer dann zur Stelle, wenn jemand anderen Menschen hilft: *„Jemand, der gerne anderen hilft, muss unterstützt werden. Denn oft neigen solche Menschen dazu, sich dabei selbst zu vergessen. Dann geht ihnen irgendwann die Puste aus und sie können dann auch nicht mehr helfen."* Hilf also dir selbst und anderen, dann machst du Krafttier Ratte glücklich und zufrieden.
Wenn Krafttier Ratte auftaucht, solltest du dir außerdem vielleicht diesen Hinweis zu Herzen nehmen: Niemand kann wirklich wissen, was für andere richtig oder gut ist. Jeder kann das nur für sich selbst wissen und auch entscheiden. Aber manche Menschen neigen dazu, zu denken, dass sie es doch besser wissen. Wenn das zufällig auf dich zutrifft, dann möchte Krafttier Ratte dich zu mehr Selbstreflexion auffordern, damit du erkennst, dass deine Sichtweise nicht die einzige ist. Vielleicht liegst du ja auch damit falsch. Man sollte andere am besten erst einmal machen lassen, wie sie es für richtig halten. Jeder ist auf einem einzigartigen Lernweg. Vielleicht bleibst du einfach mit einer helfenden Hand an der Seitenlinie und wartest darauf, bis sie angenommen wird.

MIT KRAFTTIER RATTE SCHAMANISCH ZUSAMMENARBEITEN

Lade Krafttier Ratte ein, wenn du zum Beispiel ein größeres Hilfsprojekt am Laufen hast oder dabei bist, eines auf die Beine zu stellen. Durch die Unterstützung von Krafttier Ratte bekommt dein Projekt mehr Kraft.

KRAFTTIER

REH

Die Essenz: *Freundlichkeit – Fröhlichkeit – Wille*

DIE EIGENSCHAFTEN VON KRAFTTIER REH

Krafttier Reh besitzt vor allem die Schwingung von Freundlichkeit und Fröhlichkeit. Und jeder, der mit ihm in Kontakt kommt, wird davon berührt. Krafttier Reh sieht seine Mission im weiten Feld von Höflichkeit und Anstand: *„Ich bin der, der immer da ist, wenn es an Höflichkeit mangelt. Es gibt keinen Grund dafür, unhöflich zu sein. Jeder will ja auch Höflichkeit erfahren. Mangelt es an gutem Willen, dann bleibe ich erst recht da. Der Wille, gut zu sein und miteinander eine schöne Zeit zu haben, ist wichtig für eine gute Zusammenarbeit. Wer will das nicht? Und trotzdem verhält sich nicht jeder so."*

WAS ES BEDEUTEN KANN, WENN KRAFTTIER REH BEI DIR AUFTAUCHT

Wenn Krafttier Reh auftaucht, kann das ein Zeichen für dich sein, dass du den Druck, immer im Mittelpunkt zu stehen, herausnehmen solltest. Du darfst dich auch einmal verstecken, wenn du das brauchst. Umgekehrt zeigt sich Krafttier Reh auch, wenn es uns dazu anregen möchte, aus der Deckung herauszukommen. Wenn du dazu neigst, dich stets zu sehr ins Rampenlicht zu stellen, oder dich immer zu sehr zurücknimmst, lass dir von Krafttier Reh die Mitte zeigen. Lass es dir gut gehen. Finde heraus, was du wirklich willst. Wenn du das nicht weißt, kann es dir das Leben nicht schenken. Manchmal ist es hilfreich, den Körper entscheiden zu lassen.

MIT KRAFTTIER REH SCHAMANISCH ZUSAMMENARBEITEN

Krafttier Reh kann uns dabei helfen, in unsere Mitte zu kommen. Wenn jemand nicht richtig ankommt im Leben und den Körper nicht spürt, kann er besonders von Krafttier Reh profitieren. Lass dich bei einer Trance-Reise einmal von ihm mit der Bitte mitnehmen, dich deine eigene Mitte spüren zu lassen.

KRAFTTIER

RIND

Die Essenz: *Liebe – Respekt – Vergebung*

DIE EIGENSCHAFTEN VON KRAFTTIER RIND

Krafttier Rind ist der Inbegriff von bedingungsloser Liebe und Vergebung: *„Ich bereue nichts. Ich tue einfach, was der große Plan mir aufträgt. Alles ist gut, alles läuft nach Plan, auch wenn dieser grausam wirkt. Ich gebe mich hin, so gut ich kann und wo immer es mir gelingt. Ich gebe mich dem Leben hin. Am Ende wartet eine Belohnung auf mich. Diese Belohnung ist, so viel Liebe wie möglich gegeben zu haben."* Krafttier Rind trägt einen sehr großen Anteil dazu bei, dass die Erde in der Schwingung der Liebe bleibt: *„Wenn die Erde aus dieser Schwingung herausfällt, ist alles zu Ende. Die Menschen würden dann alles zerstören."*

WAS ES BEDEUTEN KANN, WENN KRAFTTIER RIND BEI DIR AUFTAUCHT

Wenn Krafttier Rind sich bei dir meldet, dann deshalb, weil es dir Liebe schenken möchte. Es möchte dir außerdem zeigen, wie wohltuend es ist, Liebe zu geben. Es ist ein Geschenk, dass du Liebe geben kannst. Denk mal darüber nach. Krafttier Rind bringt immer die Kraft der Vergebung mit. Wenn es dir schwerfällt, zu vergeben, unterstützt dich Krafttier Rind. Aber am Ende muss die Vergebung aus deinem Herzen kommen. Verlangst du Respekt, hast aber für andere wenig übrig? Wie redest du über andere, wenn sie nicht anwesend sind? Ein spannender Zusammenhang ist auch der, dass Menschen immer noch sehr viele Rinder essen, obwohl das zum Überleben schon lange nicht mehr nötig ist. Vielleicht will hier das Ego gegen die Liebe ankämpfen?

MIT KRAFTTIER RIND SCHAMANISCH ZUSAMMENARBEITEN

Krafttier Rind ist immer bereit, bei Vergebungsarbeit mitzuwirken.

KRAFTTIER

ROTKEHLCHEN

Die Essenz: *Einspringen – Lästiges aussortieren – Direktheit*

DIE EIGENSCHAFTEN VON KRAFTTIER ROTKEHLCHEN

Krafttier Rotkehlchen springt herum, setzt sich hin, fliegt weg, kommt wieder. Wenn es aber wirklich gebraucht wird, bleibt es da. Und dann hilft es so lange, bis alles erledigt ist. Krafttier Rotkehlchen springt ein, wenn Not am Mann ist. Das ist sein Ding.

WAS ES BEDEUTEN KANN, WENN KRAFTTIER ROTKEHLCHEN BEI DIR AUFTAUCHT

Krafttier Rotkehlchen holt Menschen gerne aus verzwickten Lebensumständen heraus. Wenn sich jemand ständig im Kreis dreht oder immer wieder gegen die gleichen Mauern rennt, ist es zur Stelle. Krafttier Rotkehlchen hilft auch gerne beim Aussortieren, und zwar dann, wenn dies schon längst überfällig war. Wenn du etwas mit dir herumträgst, das wirklich nichts mehr bei dir zu suchen hat, dann ermutigt dich Krafttier Rotkehlchen, es endlich hinter dir zu lassen. Lass es los. Lass es sein und geh weiter. Manchmal muss man dafür ganz direkt sein.

MIT KRAFTTIER ROTKEHLCHEN SCHAMANISCH ZUSAMMENARBEITEN

Krafttier Rotkehlchen ist ein super Helfer bei schamanischen Extraktionen oder bei Loslass-Ritualen. Wenn du eine wichtige neue Richtung im Leben einschlagen möchtest, dann kannst du ebenfalls Krafttier Rotkehlchen um Unterstützung bitten. Es wird dir dann helfen, alles schneller über die Bühne zu bringen.

KRAFTTIER

SALAMANDER

Die Essenz: *Täuschungen aufdecken – Ehrlichkeit – Authentizität*

MEINE ERFAHRUNGEN MIT KRAFTTIER SALAMANDER

Mir ist Krafttier Salamander öfter bei schamanischen Trance-Reisen begegnet, die ich in das Innere der Erde unternahm. Auf mich wirkte es immer eher für sich, in sich ruhend und stabilisierend für seine Umgebung.

DIE EIGENSCHAFTEN VON KRAFTTIER SALAMANDER

Krafttier Salamander lässt diejenigen auffliegen, die nur so tun, als ob. Wenn jemand etwas nicht ernst meint, dann ist er oder sie schnell beschämt, wenn Krafttier Salamander mitmischt. Krafttier Salamender deckt mit seiner Präsenz Täuschungen und Unwahrheiten auf. Es entlarvt Lügner und Blender. Krafttier Salamander ist eine deutliche Sprache wichtig. Und wenn eine Rede gehalten wird, dann soll sie redlich sein. Sie soll begeistern und wahr sein, ansonsten sollte man besser den Mund halten. Es sträubt sich gegen Kategorisierungen und steht dafür, alles sein zu können, was man will. Es muss nur ehrlich zu einem passen und darf nicht aufgesetzt sein.

WAS ES BEDEUTEN KANN, WENN KRAFTTIER SALAMANDER BEI DIR AUFTAUCHT

„Prüfe, ob du es ehrlich meinst oder dir nur selbst etwas vormachst!" Mit dieser Aufforderung kommt Krafttier Salamander zu den Menschen. Krafttier Salamander ist ein Freund der ehrlichen Taten. Sein Auftauchen kann darauf hinweisen, dass du deine Energie gerade für etwas vergeudest, das nicht deiner Natur entspricht, und dies ändern solltest. Hebe dir deine Kraft für alle Taten auf, die wirklich deinem wahren Selbst entsprechen. Wenn du etwas machst, dann mache es gleich richtig. Und wenn es nicht wirklich etwas mit dir zu tun hat, dann lass es am besten sein. Krafttier Salamander rät dir außerdem, achtsam mit deiner Umgebung zu sein. Manche täuschen sich und damit dich unbewusst. Andere täuschen sich unbewusst, aber dich bewusst. Vergib ihnen, denn wer aufhört, sich selbst zu täuschen, täuscht auch andere nicht mehr. Ein Täuscher hat einen guten Grund, denn er ist verletzt und sucht danach, geliebt zu werden.

MIT KRAFTTIER SALAMANDER SCHAMANISCH ZUSAMMENARBEITEN

Wenn du jemanden für deine Sache authentisch gewinnen möchtest, dann kann Krafttier Salamander dich zum Erfolg führen. Das geht aber nur, wenn du absolut ehrlich bist. Wenn du betrügerische oder unehrliche Absichten hast, dann wirst du unter der Mitwirkung von Krafttier Salamander schneller entlarvt werden. Krafttier Salamander brauchst du keinen Ausgleich anzubieten. Deine ehrliche Absicht ist das, was es erfreut und nährt.

KRAFTTIER

SCHAF

Die Essenz: *Loslassen – Erholung – Glückliche Umstände schaffen*

DIE EIGENSCHAFTEN VON KRAFTTIER SCHAF

Krafttier Schaf kommt mit diesen Worten zu dir: *„Ich bin jemand, den man gerne um sich hat. Ich bin friedlich, ansehnlich, strahle Wohlwollen aus und bin gemütlich."* Krafttier Schaf hat eine sehr herzliche Ausstrahlung. Es kommt ganz nah an einen heran, aber bewahrt die Integrität. Es lädt einen dazu ein, sich zurückzulehnen und tief durchzuatmen. Sein Motto lautet: *„Das Leben ist schön, das Leben ist voller Wunder."*

WAS ES BEDEUTEN KANN, WENN KRAFTTIER SCHAF BEI DIR AUFTAUCHT

Krafttier Schaf taucht auf, wenn jemand verlernt hat, die Wunder des Lebens zu sehen. Als Kind leben wir in einer Welt voller Wunder und Geheimnisse. Und als Erwachsene glauben wir, dass wir alles erklären können, und die Wunder verschwinden. Aber das ist eine Illusion. Die Welt ist immer noch geheimnisvoll. Ihre Wunder sind für den Erwachsenen hinter all seinen Beschreibungen versteckt, die er der Welt hinzugefügt hat. Krafttier Schaf möchte dir helfen, glückliche Umstände zu schaffen: *„Das Glück kommt zu denen, die es einladen. Ob es aber kommt oder nicht, kann man nicht beeinflussen. Daher bleibt uns nur übrig, so häufig wie möglich Umstände zu schaffen, durch die sich das Glück eingeladen fühlt, bei uns zu verweilen."* Krafttier Schaf ist da, damit du dich einmal richtig erholen kannst. Aber du musst dir deine Erholung auch gönnen. Lass alles los.

MIT KRAFTTIER SCHAF SCHAMANISCH ZUSAMMENARBEITEN

Wenn du erschöpft bist, lade Krafttier Schaf ein, bei dir zu sein. Wenn es schon an deiner Seite ist, bitte es darum, dir zu helfen, dich zu regenerieren. Falls du ein Ritual kennst, mit dem du das Glück einladen kannst, bitte Krafttier Schaf gerne um Mitwirkung dabei.

KRAFTTIER

SCHILDKRÖTE

Die Essenz: *Innere Ruhe – Mütterlichkeit – Naturkind*

MEINE ERFAHRUNGEN MIT KRAFTTIER SCHILDKRÖTE

Da Krafttier Schildkröte eines der Krafttiere ist, das oft bei Menschen als Begleiter auftaucht, habe ich in der Vergangenheit schon viel mit ihm zu tun gehabt. Ich arbeitete für gewöhnlich im Rahmen von schamanischen Feng Shui-Maßnahmen mit Krafttier Schildkröte. Dort herrscht es über das Element Wasser.

DIE EIGENSCHAFTEN VON KRAFTTIER SCHILDKRÖTE

Krafttier Schildkröte hat vor allem die Eigenschaft von innerer und äußerer Ruhe. Krafttier Schildkröte sucht stets den Mittelpunkt von allem und verweilt dort. Wichtig ist ihm außerdem, lebensechte, natürliche Umgebungen zu schaffen und zu erhalten. Es ist sehr gut darin, loszulassen, was nicht mehr gebraucht wird. Krafttier Schildkröte hat wohlwollende, mütterliche Qualitäten und kümmert sich gerne um die Verletzten, Ausgegrenzten und Vertriebenen. Es schaut gerne in die seelischen Tiefen und holt das wahre Sein an die Oberfläche.

WAS ES BEDEUTEN KANN, WENN KRAFTTIER SCHILDKRÖTE BEI DIR AUFTAUCHT

Krafttier Schildkröte begleitet gerne Menschen, die eine schwere Kindheit erlebt haben. Es hilft dabei, innere Kindanteile zu heilen. Wenn du es schwer hast, dir selbst in die Augen zu schauen, kann dir Krafttier Schildkröte helfen, dich anzunehmen und lieben zu lernen und deine Widerstände dagegen abzubauen. Krafttier Schildkröte schenkt dir liebevoll aufbauende Worte: *„Du bist wertvoll. Du hast es verdient, dass man sich um dich kümmert. Lass es zu, nimm es an. Lass los, was du nicht mehr brauchst."* Taucht Krafttier Schildkröte bei dir auf, kann das auch ein Hinweis darauf sein, dass du wieder einmal ausmisten solltest oder dich generell besser um dich selbst kümmern solltest.

MIT KRAFTTIER SCHILDKRÖTE SCHAMANISCH ZUSAMMENARBEITEN

Wenn dir die Erdung fehlt oder das Gefühl von „in der Mitte sein", frage Krafttier Schildkröte nach Hilfe. Es kann allen Menschen zur Seite stehen, die im Alltag öfter ihr inneres Gleichgewicht verlieren. Lade es gerne zu Erdungs-Ritualen, Loslass-Ritualen und Ritualen für Mutter Natur ein.

SCHLANGE

Die Essenz: *Durchhaltekraft – Licht und Schatten – Heilung*

MEINE ERFAHRUNGEN MIT KRAFTTIER SCHLANGE

Krafttier Schlange hat mir des Öfteren dabei geholfen, in schwierigen Phasen durchzuhalten, und mir teilweise eine sehr starke Durchhaltekraft geschenkt. Es hat mich auch gelehrt, mir das zu nehmen, was mir zusteht, und mich durchzusetzen, wenn es wichtig und richtig war. Krafttier Schlange hat mir damit wichtige Ego-Lektionen vermittelt.

DIE EIGENSCHAFTEN VON KRAFTTIER SCHLANGE

Krafttier Schlange bewegt sich immer zwischen den Dingen. Es beschäftigt sich mit Schattenseiten und Lichtseiten, mit Masken und dem, was von ihnen verborgen wird. Krafttier Schlange hat eine enthüllende Qualität. Es ist ein heilendes Krafttier. Heilung geschieht, indem man durch seine eigenen Schwächen und Verletzungen geht und sie bedingungslos annimmt. Wenn Krafttier Schlange etwas in den Fokus nimmt, dann ist es ein sehr starker Fokus. Es entscheidet also sehr genau, womit es sich beschäftigt, und nur, wenn es eine große Heilung verspricht, nimmt es sich der Sache an.

WAS ES BEDEUTEN KANN, WENN KRAFTTIER SCHLANGE BEI DIR AUFTAUCHT

Krafttier Schlange weist gerne darauf hin, dass wir uns mit unseren Masken beschäftigen sollten. Wie oft verstellst du dich noch im Alltag oder sogar vor dir selbst? Reflektiere dich. Schau, was du da machst. Mache es dir bewusst und nimm an, dass du es so machst. Sei ehrlich zu dir selbst und höre auf, dich zu verstecken. Wer ständig vor sich selbst davonläuft, kann nicht wirklich zur Ruhe kommen.

MIT KRAFTTIER SCHLANGE SCHAMANISCH ZUSAMMENARBEITEN

Krafttier Schlange kann dir helfen, dich einer problematischen Sache zu widmen, dranzubleiben und dich so lange damit zu beschäftigen, bis du deinen Frieden damit gefunden hast. Hast du es um Heilung gebeten, dann verpflichtet Krafttier Schlange sich dazu, dir so lange dabei zu helfen, bis du Heilung gefunden hast. Also mache dann keinen Rückzieher und überlege dir vorab genau, ob du das wirklich willst. Denn Heilung hat immer damit zu tun, deine eigenen Schattenseiten lieben zu lernen. In schwierigeren Diskussionen kann dich Krafttier Schlange außerdem dabei unterstützen, bei dir bleiben zu können, ohne den anderen zu verlieren. Man kann auch mit ihr unentdeckt, aber trotzdem in Verbindung mit anderen bleiben. Krafttier Schlange hat eine Stärke im Beruhigen und hilft dir dabei, Erdkräfte zu kanalisieren.

KRAFTTIER

SCHMETTERLING

Die Essenz: *Leichtigkeit – Lebensbejahung – Entfaltung*

DIE EIGENSCHAFTEN VON KRAFTTIER SCHMETTERLING

Krafttier Schmetterling ist der Optimist unter den Krafttieren. Es gibt sich dem Leben voll und ganz hin, ist ein Ja-Sager und strahlt durch und durch Leichtigkeit aus. Krafttier Schmetterling ist der Experte, wenn es darum geht, sich zu entfalten. Es geht ihm oft darum, einfach nur dabei zu sein.

WAS ES BEDEUTEN KANN, WENN KRAFTTIER SCHMETTERLING BEI DIR AUFTAUCHT

Krafttier Schmetterling möchte uns ganz oft einfach nur daran erinnern, dass es leicht sein darf. Unter den Krafttieren ist bekannt, dass Menschen sich das Leben oft schwerer machen, als es sein müsste. Leichtigkeit erreichst du, wenn du das „Ich muss" aus deinem Alltag herausnimmst. Lass dich öfter einmal treiben und vergiss die Zeit. Lebe in den Tag hinein und erlaube dem Tag, dass er dir die schönen Dinge zeigt, die du normalerweise verpasst. Krafttier Schmetterling taucht auch dann auf, wenn du innere Talente hast, die darauf warten, entfaltet zu werden. Innere Talente betreffen zum Beispiel deinen Umgang mit dir selbst, mit deinen Emotionen, mit deinen Gedanken, mit deinen Verletzungen, mit deinen Bedürfnissen. Bist du gut zu dir? Hast du Mitgefühl mit dir? Schenkst du dir genug Aufmerksamkeit? Krafttier Schmetterling meldet sich auch bei uns, wenn wir entweder zu hart zu uns sind oder zu weich. Außerdem taucht es gerne auf, wenn uns die Abwechslung im Alltag verloren gegangen ist. Vielleicht solltest du wieder einmal etwas Neues ausprobieren. Krafttier Schmetterling bringt uns auch gerne folgende Botschaft: *„Sag ‚Ja' zum Leben. Kämpfe nicht gegen dein Leben an. Gib deine Widerstände auf und folge dem leichten Weg."*

MIT KRAFTTIER SCHMETTERLING SCHAMANISCH ZUSAMMENARBEITEN

Steckst du oder steckt jemand, den du kennst, in einem Prozess fest? Fällt es dir schwer, deine Widerstände aufzugeben und dich deinem Leben hinzugeben? Dann bitte Krafttier Schmetterling um Hilfe.

KRAFTTIER

SCHNABELTIER

Die Essenz: *Wandelbarkeit – Experimentieren – Einzigartigkeit*

DIE EIGENSCHAFTEN VON KRAFTTIER SCHNABELTIER

Krafttier Schnabeltier ist sehr wandelbar. Es taucht mal so und mal so auf, wählt seine Form mit Bedacht, probiert ständig Neues aus und steht nie still. Es legt sich nicht fest, sondern bleibt lieber frei, um alle Möglichkeiten des Ausdrucks auszutesten.

WAS ES BEDEUTEN KANN, WENN KRAFTTIER SCHNABELTIER BEI DIR AUFTAUCHT

Krafttier Schnabeltier zeigt sich Menschen, die sich zu nichts so richtig zugehörig fühlen oder irgendwo eingeordnet wurden, wo sie nicht hineinpassen: *„Ich möchte dir zeigen, dass du in keine Schublade passen musst, um dazuzugehören. Sei einfach deine ursprüngliche Form. Sei die Qualität, die du bist."* Krafttier Schnabeltier regt aber auch gerne dazu an, zu experimentieren, wer man sein kann. Vielleicht probierst du mal einen neuen Kleidungsstil aus oder legst dir ein neues Hobby zu. Du bist einzigartig und sehr wandelbar. Wenn du deine Einzigartigkeit kennenlernen möchtest, musst du ausprobieren, wie du dich in der Welt zeigen kannst. Krafttier Schnabeltier gibt dir dazu diese Weisheit mit auf den Weg: *„Du bist ein Wunder. Nimm dich als Wunder an. Feiere dich als das Wunder, das du bist."*

MIT KRAFTTIER SCHNABELTIER SCHAMANISCH ZUSAMMENARBEITEN

Krafttier Schnabeltier kann als dein Krafttier-Begleiter sehr herausfordernd sein, da es ständig Änderungen anregt. Nimmst du die Herausforderung an, hast du aber einen Turbo für deine persönliche Entwicklung an deiner Seite.

KRAFTTIER

SCHNECKE

Die Essenz: *Relativität - Den Weg genießen - Kraft tanken*

MEINE ERFAHRUNGEN MIT KRAFTTIER SCHNECKE

Krafttier Schnecke ist ein Krafttier, das man nicht unterschätzen sollte. Manche meinten schon zu mir, das sei wohl ein Scherz mit der Schnecke, weil sie bei Krafttieren eher an einen mächtigen Bären oder Ähnliches denken. Man darf ein biologisches Tier aber nicht mit dem Krafttier verwechseln. Aber das ist typisch Mensch. Wir schauen meist eher auf das Offensichtliche und dadurch entgehen uns viele wichtige Dinge.

DIE EIGENSCHAFTEN VON KRAFTTIER SCHNECKE

Krafttier Schnecke spricht ein wichtiges Thema an, nämlich die Langsamkeit: *„Zeit und Geschwindigkeit sind relativ. Für den einen ist etwas schnell, das für den anderen langsam ist. Auf die Perspektive kommt es an."* Krafttier Schnecke vermittelt eine gewisse Genügsamkeit und Lebensfreude. Man soll sich Zeit lassen für die schönen Dinge. Dann hat man auch Zeit, Gemeinsamkeiten zu entdecken und diese auszutauschen. Auf dem Weg sein und diesen genießen ist die Lieblingsbeschäftigung von Krafttier Schnecke. Es geht nicht um das Ankommen, sondern um den Genuss des Weges. Krafttier Schnecke schaut gerne zu und inspiriert dazu, noch mal genau nachzudenken, bevor man handelt.

WAS ES BEDEUTEN KANN, WENN KRAFTTIER SCHNECKE BEI DIR AUFTAUCHT

Krafttier Schnecke schleicht sich gerne bei den Menschen ein, wenn diese besonders ungeduldig sind. Wenn sich jemand ausgelaugt fühlt oder lebensmüde ist, taucht es auch gerne auf. Krafttier Schnecke kommt mit der Botschaft zu uns, dass wir uns mehr Ruhe gönnen sollen. Es bringt niemandem etwas, wenn man durch das Leben hetzt und ständig gestresst ist. So verpasst man nur das Leben und im schlimmsten Fall gerät man in einen Burnout. Nimm dir wieder Zeit für die wirklich wichtigen Dinge in deinem Leben, für das, was dir wirklich guttut. Gewinne deine Leichtigkeit zurück.

MIT KRAFTTIER SCHNECKE SCHAMANISCH ZUSAMMENARBEITEN

Krafttier Schnecke kann uns zeigen, wie wir ins Hier und Jetzt kommen. Man muss gut trainiert sein, um Krafttier Schnecke wahrzunehmen. Es hat einen ganz anderen Rhythmus als wir Menschen. Daher muss man sich richtig auf Krafttier Schnecke einschwingen, wenn man mit ihm arbeiten möchte. Sobald man sich eingeschwungen hat, ist man allein dadurch bereits mehr im Augenblick und kann diesen auch besser genießen.

KRAFTTIER

SCHNEE-LEOPARD

Die Essenz: *Schamanenkraft – Kriegerkraft – Mystik*

MEINE ERFAHRUNGEN MIT KRAFTTIER SCHNEELEOPARD

Krafttier Schneeleopard ist für mich eines der außergewöhnlichsten Krafttiere. Jeder Kontakt mit ihm war für mich immer etwas ganz Besonderes. Eines Tages tauchte ein sehr kraftvoller Schneeleopard einfach so bei mir auf und meinte, dass es nun an der Zeit wäre, mich in tiefere Geheimnisse des Schamanentums einzuweihen.

DIE EIGENSCHAFTEN VON KRAFTTIER SCHNEELEOPARD

Krafttier Schneeleopard ist sehr wählerisch. Es beobachtet Menschen sehr genau. Und wenn es dann jemanden als würdig erachtet, bekommt derjenige schamanischen Privatunterricht: *„Ich bin nicht einfach nur ein Krafttier. Ich bin ein Hüter schamanischen Wissens durch alle Zeiten hindurch. Daher habe ich Zugriff auf alles, was Menschen unter Schamanismus verstehen. Wähle ich dich, dann hast auch du Zugriff darauf. Ich finde dich, wenn es die Zeit verlangt. Versuche nicht, mich zu finden. Denn dann läufst du einer Illusion nach."*

WAS ES BEDEUTEN KANN, WENN KRAFTTIER SCHNEELEOPARD BEI DIR AUFTAUCHT

Wenn Krafttier Schneeleopard dich als würdig erachtet und bei dir auftaucht, dann hast du vermutlich in anderen Leben einen wichtigen Beitrag zum großen Erbe des Schamanentums geleistet oder bist jetzt gerade dabei, dies zu tun. Es kann aber auch sein, das es sich einfach als Wegweiser bei dir meldet, damit du dich in eine Richtung in deinem Leben umorientierst, die besser zu deinem Seelenplan passt. Krafttier Schneeleopard hat spirituelle Kriegerkraft. Es setzt sich für Gerechtigkeit und Wahrheit ein. Wenn du das auch tust, bist du in Resonanz mit ihm

MIT KRAFTTIER SCHNEELEOPARD SCHAMANISCH ZUSAMMENARBEITEN

Wenn dich Krafttier Schneeleopard anspricht, dann nimm Kontakt mit ihm auf und schau, was passiert.

KRAFTTIER

SCHWAN

Die Essenz: *Schönheit – Beschützt sein – Selbstwert*

DIE EIGENSCHAFTEN VON KRAFTTIER SCHWAN

Krafttier Schwan kann sich dir mit folgenden Worten vorstellen: *„Wenn man mich kennenlernen möchte, sollte man sich mit mir genau auseinandersetzen. Ich bin ein Krafttier, das zwar gerne bei Menschen ist, aber auch geht, wenn es genug hat. Ich zeige mich, wie ich will, und tue Dinge, wie ich es will. Alles ist aus meiner Sicht schon geschehen. Man muss es nur sehen. Wenn man aber zu genau hinschaut, dann verpasst man die wichtigen Dinge. Die schönen Dinge im Leben zeigen sich, wenn man den Blick schweifen lässt. Analyse vertreibt die Schönheit, wie die Dinge sind, wenn sie einfach nur sind. Wenn man etwas einfach beiläufig betrachtet, ist es am schönsten."*

WAS ES BEDEUTEN KANN, WENN KRAFTTIER SCHWAN BEI DIR AUFTAUCHT

Krafttier Schwan hat eine Ausstrahlung von Geborgenheit. Wenn es sich bei dir meldet, möchte es dir vielleicht genau dieses Gefühl vermitteln. Alles ist gut, alles wird gut. Falls du deinen Selbstwert nicht erkennst oder fühlst, dann kann dir Krafttier Schwan hierbei helfen. Stell dir vor, wie es dich mit seinen Flügeln einhüllt, um dir das Gefühl zu geben, dass du so, wie du bist, gut bist. Wenn du dich selbst verleugnest, dann wird Krafttier Schwan versuchen, dich zu motivieren, um mehr zu dir stehen zu können. Erkenne deine natürliche Schönheit und nimm sie an.

MIT KRAFTTIER SCHWAN SCHAMANISCH ZUSAMMENARBEITEN

Bei allem, was mit Selbstwert, Selbstbewusstsein und Selbstvertrauen zu tun hat, kann Krafttier Schwan ein wunderbarer Helfer sein.

KRAFTTIER

SCHWARZER PANTHER

Die Essenz: *Pure Kraft - Ziele erreichen - Perspektiven ändern*

DIE EIGENSCHAFTEN VON KRAFTTIER SCHWARZER PANTHER

Krafttier schwarzer Panther zeichnet sich besonders durch sein großes Wissen aus: *„Ich bin der, der immer weiß, wo es langgeht. Es ist nicht immer der direkteste Weg, der dich am schnellsten an dein Ziel bringt."* Krafttier Schwarzer Panther ist ein richtiger Antreiber. Es strotzt vor lauter Kraft und will möglichst effizient vorankommen. Es sucht immer die besten Wege, damit keine Zeit und Energie verschwendet werden. Es hat für dich die Weisheit: *„Blicke immer auf alle Möglichkeiten. Dann entgehen dir keine wichtigen Erkenntnisse und deine Wege werden deutlicher sein."*

WAS ES BEDEUTEN KANN, WENN KRAFTTIER SCHWARZER PANTHER BEI DIR AUFTAUCHT

Krafttier Schwarzer Panther zeigt sich dann, wenn deine Sicht eingeschränkt ist. Erweitere deine Sicht. Nimm einmal eine Gegenperspektive ein oder eine Sichtweise, die du normalerweise nie einnehmen würdest. Es kann erstaunlich sein, wie sich allein dadurch neue Wege auftun, die dich schneller und besser voranbringen. Manchmal ändert sich dadurch auch dein Ziel, weil du dann vielleicht erst erkennen kannst, dass dein bisheriges Ziel nicht das war, was du wirklich wolltest. Vielleicht hast du bisher das große Ziel, um das es eigentlich geht, gar nicht sehen können und bist einem Ziel nachgejagt, das du im Grunde gar nicht erreichen wolltest. Wenn du dir große Ziele gesetzt hast und dir unterwegs die Puste auszugehen scheint, kann Krafttier Schwarzer Panther auftauchen. Es kann dir vorübergehend Kraft geben, damit du weitergehen kannst. Trotzdem ist es wichtig, sich dann beizeiten auch einmal auszuruhen. Vergiss nicht, ihm einen Ausgleich für seine Unterstützung anzubieten.

MIT KRAFTTIER SCHWARZER PANTHER SCHAMANISCH ZUSAMMENARBEITEN

Zusammen mit Krafttier Schwarzer Panther kannst du prüfen, ob dein Ziel wirklich dein Ziel ist. Mit ihm hast du einen Supervisor an deiner Seite, der dir hilft, zu prüfen, was du wirklich willst.

KRAFTTIER

SEEHUND

Die Essenz: Selbstdisziplin – Hartnäckigkeit – Lebenskunst

DIE EIGENSCHAFTEN VON KRAFTTIER SEEHUND

Krafttier Seehund sagt über sich: *„Ich bin nicht sehr groß, aber dafür ausdauernd. Das gibt mir einen Vorteil gegenüber anderen. Ich werde oft unterschätzt. Aber wer das tut, hat nicht mit meinem Einfallsreichtum gerechnet. Mit diesem überrasche ich auch gerne Menschen, denen ich mich zeige."*

WAS ES BEDEUTEN KANN, WENN KRAFTTIER SEEHUND BEI DIR AUFTAUCHT

Gute Ideen kommen oft von Krafttier Seehund. Wenn jemand auf dem Schlauch steht und gefühlt nicht vorwärts und nicht rückwärts gehen kann und seitwärts einfach nichts zu sehen ist, sich derjenige also in einer Zwickmühle befindet, dann kommt Krafttier Seehund gerne zu uns, um uns gute Ideen einzuflüstern: *„Es braucht oft gar nicht so viel. Ich sehe einfach, dass da jemand den Überblick verloren hat und deswegen nicht sehen kann, wie der Weg weitergeht. Es braucht dann einfach einen kleinen Geistesblitz und – schwupps – geht es weiter. Gern geschehen."* Um einen solchen Geistesblitz zu empfangen, entspanne dich und erwarte nichts. Denn nur dann kann er sich zeigen.

Krafttier Seehund zeigt uns auch gerne auf, dass es viel mehr Wege gibt, ein glückliches Leben zu führen, als die Wege, die die meisten beschreiten. Es möchte dich darauf aufmerksam machen, dass der Weg zum Glück aus deiner Einzigartigkeit besteht. Und daraus ergibt sich Lebenskunst: Erschaffe dein eigenes Leben. Mach ein Meisterwerk aus deinem Leben. Werde zum Bildhauer deines Lebens und überrasche alle anderen damit, was du aus eigenem Antrieb erreichen kannst.

MIT KRAFTTIER SEEHUND SCHAMANISCH ZUSAMMENARBEITEN

Wenn du ein Ziel erreichen möchtest und dir gefühlt die Kraft dafür fehlt, lade Krafttier Seehund ein, dich zu unterstützen. Es weiß genau, wie man diszipliniert seine Ziele und Vorhaben verfolgt.

KRAFTTIER

SEEPFERDCHEN

Die Essenz: *Träume verwirklichen - Aufwachen - Innere Ruhe*

DIE EIGENSCHAFTEN VON KRAFTTIER SEEPFERDCHEN

Krafttier Seepferdchen hat klare Präferenzen: *„Ich kenne mich mit den Traumebenen sehr gut aus. Besonders gerne bin ich bei Kindern. Denn sie sind um einiges wacher in ihren Träumen als Erwachsene."* Krafttier Seepferdchen ist ein Traumwandler. Es ist ständig am Träumen. Es schwebt durch die Landschaften der Träume. Dabei ist es so in seiner Ruhe, dass es oft kaum auffällt, wenn es anwesend ist.

WAS ES BEDEUTEN KANN, WENN KRAFTTIER SEEPFERDCHEN BEI DIR AUFTAUCHT

Krafttier Seepferdchen ist auf der Traumebene sehr aktiv, das bedeutet, dass es uns Menschen gerne über Träume kontaktiert. Besonders gerne setzt sich Krafttier Seepferdchen für die bewusste Wahrnehmung ein: *„Wenn du manchmal das Gefühl hast, dass dein Leben ein Traum ist, aus dem du nicht erwachen kannst, dann bin ich da. Manche Menschen schlafwandeln in ihrem Alltag. Sie spulen einfach ihre Alltagsprogramme ab und kommen selten ins höhere Bewusstsein. Eine Routine löst die nächste ab und plötzlich liegen sie wieder im Bett und auch dieser Tag ist zu Ende."*
Krafttier Seepferdchen hilft uns gerne dabei, im Alltag wach zu sein. Was bedeutet dieses „Wachsein"? Erinnere dich an einen Moment, in dem du von einer atemberaubenden Naturlandschaft überwältigt und gefesselt warst. Dein kognitives System hat ausgesetzt und du warst voll und ganz im Moment. Das ist „Wachsein": Mit deinem vollen Bewusstsein ganz und gar im Augenblick anwesend. Krafttier Seepferdchen taucht auch bei dir auf, wenn du nicht so richtig in deine innere Ruhe kommst. Es hilft dir dann, geistig abzuschalten und auszuruhen. Weiter ermutigt es uns: *„Mach aus deinen Träumen etwas Reales. Ich helfe dir dabei, deine Träume zu verwirklichen. Aber du musst alles tun, was es dafür braucht. Das kann dir keiner abnehmen. Also, bist du bereit dafür?"*

MIT KRAFTTIER SEEPFERDCHEN SCHAMANISCH ZUSAMMENARBEITEN

Wenn du dich viel mit Träumen beschäftigst, besuche Krafttier Seepferdchen in seiner Welt. Vielleicht liegt dort die ein oder andere Erkenntnis für dich bereit. Wenn du bei Entspannungsübungen bessere Ergebnisse erzielen möchtest, kannst du es auch einladen, dich dabei zu unterstützen.

KRAFTTIER

SKORPION

Die Essenz: *Nüchternheit – Erkenntnis – Sammeln*

DIE EIGENSCHAFTEN VON KRAFTTIER SKORPION

Krafttier Skorpion wirkt reserviert. Es ist wie ein Bild, das man nur dann versteht, wenn man es eine ganze Weile aufmerksam betrachtet, oder wie ein Rätsel, das sich nur selbst lösen kann. Krafttier Skorpion hilft, mit seinem Dasein an wichtige Erkenntnisse zu gelangen. Es sammelt Augenblicke, einen nach dem anderen.

WAS ES BEDEUTEN KANN, WENN KRAFTTIER SKORPION BEI DIR AUFTAUCHT

Bist du manchmal ein Rätsel für andere? Dann bist du auf jeden Fall in Resonanz mit Krafttier Skorpion. Man kann es nicht verstehen, aber indem man es sein lässt, wie es ist, kann man eine ganze Menge erkennen. Vielleicht trifft das auch auf dich zu. Wenn Krafttier Skorpion bei dir ist, dann gibt es wohl wichtige Erkenntnisse, die auf dich warten. Sei ganz aufmerksam. Sei ganz da, im Augenblick. Sammle Eindrücke, ohne sie zu werten oder zu analysieren. Nimm einfach nur auf. Und dann sei geduldig. Irgendwann, vermutlich dann, wenn du es nicht erwartest, kommt die Erkenntnis. Krafttier Skorpion nimmt einem nichts ab. Die Qualität von „Selber machen" verrät seine Präsenz.

MIT KRAFTTIER SKORPION SCHAMANISCH ZUSAMMENARBEITEN

Krafttier Skorpion ist nicht leicht zu greifen und es ist nicht einfach, seine Botschaft zu entschlüsseln. Daher würde ich nur empfehlen, mit Krafttier Skorpion zu arbeiten, wenn du etwas fortgeschrittener mit schamanischen Techniken bist oder schon einen guten Zugang zu ihm hast.

KRAFTTIER

SPINNE

Die Essenz: *Großzügigkeit – Ausgleich – Verstrickungen lösen*

MEINE ERFAHRUNGEN MIT KRAFTTIER SPINNE

Meiner Erfahrung nach triggert das Spinnenartige archetypische Ängste: Die Angst vor dem Unbekannten, die Angst vor Kontrollverlust und die Angst davor, an etwas haften zu bleiben. Krafttier Spinne kann helfen, diese Ängste zu harmonisieren.

DIE EIGENSCHAFTEN VON KRAFTTIER SPINNE

Krafttier Spinne hat etwas Großzügiges und Ausgleichendes. Ein harmonisches Geben und Nehmen ist ihm wichtig: *„Alles soll in seinem natürlichen Gleichgewicht sein. Alles soll so leben, wie es geboren wurde. Es soll seiner Natur folgen und darauf achten, sich im Leben nicht zu verheddern. Wenn jemand sein natürliches Sein missachtet, bekommt er Probleme im Leben. Findet er wieder sein Gleichgewicht, findet er alles andere auch."*

WAS ES BEDEUTEN KANN, WENN KRAFTTIER SPINNE BEI DIR AUFTAUCHT

Krafttier Spinne bringt dir möglicherweise den Hinweis, mehr auf dein Gleichgewicht im Leben zu achten. Achte darauf, dass alles ausgeglichen ist. Lade deine Nachbarn ein und sei Gastgeber. Teile deine Lebensweisheiten mit anderen. Analysiere deine Lebensgewohnheiten und finde Unausgewogenheiten. Nimm dich an, wie du bist, und lebe dein Leben, wie es aus dir hervorsprudelt.

MIT KRAFTTIER SPINNE SCHAMANISCH ZUSAMMENARBEITEN

Krafttier Spinne kann gut dabei helfen, Verstrickungen und Knoten zu lösen. Falls du mit jemandem im Streit liegst und du nicht vorankommst, lade Krafttier Spinne ein. Wenn du einen Gegenpol brauchst, um etwas besser zu verstehen, kontaktiere Krafttier Spinne. Es kann auch ein Spiegel für dich sein oder dabei helfen, Ängste zu lösen, um die Kraft, die darunterliegt, nutzen zu können.

KRAFTTIER

STINKTIER

Die Essenz: Eigenverantwortung - Selbstbestimmung - Selbstermächtigung

DIE EIGENSCHAFTEN VON KRAFTTIER STINKTIER

Krafttier Stinktier ist sehr selbstbestimmt. Es reagiert sehr abwehrend darauf, wenn man ihm etwas überstülpen möchte. Alleine schon die Anfrage, bei diesem Buch mitzuwirken, wurde von ihm erst mal abgelehnt. Als es dann das Gefühl hatte, dass es selbst bestimmen und daran mitwirken kann, war es mit an Bord.

WAS ES BEDEUTEN KANN, WENN KRAFTTIER STINKTIER BEI DIR AUFTAUCHT

Krafttier Stinktier will dir deine eigene Macht aufzeigen: *„Ich will den Menschen zeigen, dass sie nicht immer nach der Pfeife anderer zu tanzen haben. Das ist bei Menschen oft zu sehen. Sie merken es in der Regel nicht einmal, dass sie andere kopieren oder tun, was andere wollen. Sie lernen von klein auf, dass sie folgen müssen, wenn eine Autorität ruft. Selbst die, die sich Rebellen nennen, sind nicht frei. Denn auch sie sind an das gebunden, gegen das sie rebellieren."* Krafttier Stinktier möchte dich zu wahrer Selbstbestimmung führen. Es will dich dazu ermutigen, genau zu prüfen, wo du selbstbestimmt und wo du fremdbestimmt bist. Solange du in einer Gesellschaft lebst, wirst du dich immer an Regeln halten müssen. Doch innerhalb dieser Grenzen kannst du deine eigenen Regeln machen. Krafttier Stinktier bringt es so auf den Punkt: *„Freiheit endet auch da, wo man andere verletzt. Freiheit und Selbstbestimmung enden dort, wo man gegen das größere Wohl handelt."*

MIT KRAFTTIER STINKTIER SCHAMANISCH ZUSAMMENARBEITEN

Wenn du dich zu oft oder zu stark fremdbestimmt fühlst und freier werden möchtest, suche den Kontakt zu Krafttier Stinktier. Ich habe kein anderes Krafttier kennengelernt, das ein besserer Lehrmeister dafür ist. Lade es ein und gib ihm dann Raum, damit es von sich aus zu dir kommen kann.

KRAFTTIER

TAUBE

Die Essenz: *Zärtlichkeit – Leichtigkeit – Sich einschwingen*

DIE EIGENSCHAFTEN VON KRAFTTIER TAUBE

Krafttier Taube ist sehr zärtlich, es liebt es, Zärtlichkeit zu geben und Zärtlichkeit zu empfangen: *„Lass es uns zusammen leicht machen. Wir haben nur begrenzt Zeit miteinander. Lass uns aus dieser Zeit eine wundervolle Erfahrung zaubern."* Krafttier Taube vermag es, sich überall einzuschwingen. Es kann dadurch einfach an allem und jedem teilhaben, wenn es das möchte und als passend empfindet. Krafttier Taube ist außerdem sehr einfühlsam.

WAS ES BEDEUTEN KANN, WENN KRAFTTIER TAUBE BEI DIR AUFTAUCHT

Wenn es aus Sicht von Krafttier Taube wichtig ist, dass du lernst, zärtlicher zu dir selbst und/oder zu anderen zu sein, dann kommt es zu dir, um dich seine Energie spüren zu lassen. Auch wenn es dir schwerfällt, dich energetisch einzuschwingen, einfühlsam zu sein, am Leben anderer oder an bestimmten Situationen teilzuhaben, dann rufst du Krafttier Taube zu dir. Es möchte dir zeigen, wie du bei dir bleiben kannst und gleichzeitig für andere da sein kannst. Wenn du Probleme hast, herauszufinden wo du reinpasst und wo nicht, kann dich Krafttier Taube lehren, wie du das gut für dich herausfinden kannst. Bist du oft unter Menschen, bei denen es dir nicht gut geht? Warum bist du nicht bei denjenigen, die zu dir passen? Gelangst du oft in Situationen, in denen du dich fehl am Platz fühlst? Warum? Krafttier Taube will dir zeigen, dass du dafür verantwortlich bist. Schwinge dich auf die Menschen und Situationen ein, die zu dir passen, indem du deine Aufmerksamkeit und deine Energie auf sie richtest. Bald wird sich dein Leben wandeln und es wird sich (wieder) mehr nach deinem Leben anfühlen.

MIT KRAFTTIER TAUBE SCHAMANISCH ZUSAMMENARBEITEN

Zu den schamanischen Übungen gehört auch, sich mit der Lenkung der Realität zu beschäftigen. Ein wichtiger Schlüssel dabei ist: Das, worauf du dich einschwingst, wird für dich umso realer. Krafttier Taube kann dich hierbei ganz einfühlsam unterstützen.

KRAFTTIER

TIGER

Die Essenz: *Angst überwinden – Effizienz – Befreiung durch Entscheidung*

MEINE ERFAHRUNGEN MIT KRAFTTIER TIGER

Krafttier Tiger hat mir vor vielen Jahren geholfen, mich meinen Ängsten zu stellen, als es darum ging, meinen ersten größeren Vortrag zu halten. Ich habe dabei gelernt, dass man für seine Ängste bereit sein muss. Wenn man das wirklich ist, wartet eine große Heilung auf einen. Die Entscheidung, ob man bereit ist, trifft dabei jeder selbst.

DIE EIGENSCHAFTEN VON KRAFTTIER TIGER

Krafttier Tiger ist der Experte für alles, was mit Angst zu tun hat: *„Eine Angst ist die Wurzel für alle anderen Ängste. Im Grunde gibt es nur eine Angst, die nicht weiter benannt werden kann. Das ist das Phänomen Angst an sich, die grundlegende Angst. Sie zeigt sich in zwei weiteren Strängen: 1. die Angst vor dem Sterben. Daraus folgt die Motivation, alles dafür zu tun, um sicher zu sein. 2. die Angst vor dem Ungreifbaren. Daraus folgt die Motivation, alles analysieren und festhalten zu wollen. So zeigt sich mir Angst."* Krafttier Tiger deckt Angst auf, macht aber auch Mut. Mut ist die Kraft, die einem zeigt, dass Angst nicht nötig ist: *„Es braucht nur Hingabe an das Leben und das Loslassen der trennenden Impulse."* Krafttier Tiger drängt gerne zu wichtigen Entscheidungen. Es ist sehr vielschichtig und nicht leicht zu greifen.

WAS ES BEDEUTEN KANN, WENN KRAFTTIER TIGER BEI DIR AUFTAUCHT

Wenn es darum geht, Ängste zu überwinden, ist Krafttier Tiger gerne zur Stelle und zeigt dir deinen Mut auf. Krafttier Tiger findet es auch gut, wenn man erkennt, was unnötig ist, und diese Dinge dann vermeidet. Denn sie rauben einem nur Kraft. Wenn man bereit ist, seinen inneren Urkräften und Urbildern zu begegnen und sich von gesellschaftlichen Ausbremsungen zu befreien, ruft man damit ebenfalls Krafttier Tiger zu sich. Es kann dir dann dabei helfen, kulturellen Ballast loszuwerden. Krafttier Tiger zeigt dir mit seinem Erscheinen außerdem einen spirituellen Weg auf: *„Wer bist du als Mensch, unabhängig von all den Etikettierungen, denen du von klein auf unterlagst? Mache die menschliche Erfahrung, ohne dich darin allzu sehr zu verstricken. Verstrickungen schaffen leidvolle Erfahrungen. Finde den Ausweg aus diesem Leid, indem du dich von all den Verstrickungen löst."*

MIT KRAFTTIER TIGER SCHAMANISCH ZUSAMMENARBEITEN

Krafttier Tiger kann sehr gut dabei helfen, sich von alten Dingen zu lösen, die im „Herzen" festsitzen. Hier sind familiäre Themen gemeint. Außerdem ist es der Wächter für alle Einzelgänger, die keine Einzelgänger sein wollen. Krafttier Tiger sucht dann mit dir zusammen Menschen, die wirklich zu dir passen. Und wenn jemand nicht zu dir passt, hilft es dir, schnell und unbemerkt wieder zu verschwinden. Wenn du Angst hast, dann brülle zusammen mit der Angst. So wird die Kraft der Angst zu einer Antriebskraft für Größeres.

WAL

***Die Essenz:** Mystische Innenschau – Selbsterkenntnis – Berufung finden*

MEINE ERFAHRUNGEN MIT KRAFTTIER WAL

Wale haben mich seit meiner Kindheit fasziniert. Schon immer habe ich mich zu ihnen hingezogen gefühlt und ich hatte einige sehr reale, aufregende Träume mit diesem Krafttier, das mir mystische Welten gezeigt hat. Der eindrücklichste Traum handelte davon, dass ein Wal mich mit auf den Meeresgrund genommen hat. Dort setzte ich mich dann in den Schneidersitz und er kam mit der mächtigen Spitze seines Kopfes direkt vor mich, bis auf wenige Zentimeter an meine Stirn heran. In dieser Stellung verharrten wir einige Zeit lang. Diese Erfahrung war so intensiv, dass ich mich heute noch so daran erinnern kann, als wäre es gerade erst geschehen. Krafttier Wal hat mir in der Kindheit geholfen, den mystischen Anteil meines Seins zu bewahren. Später hat es mir auch geholfen, an mein schamanisches Erbe anzuknüpfen.

DIE EIGENSCHAFTEN VON KRAFTTIER WAL

Wäre Krafttier Wal ein Mensch, dann wäre es ein Mystiker, wie er im Buche steht. Also ein Wahrheitssucher, der echte spirituelle Erfahrungen macht und nichts glaubt, sondern es selbst erleben will. Krafttier Wal ist viel damit beschäftigt, innere Welten zu erforschen und zu verstehen. Es findet und beschreitet hierbei immer den Weg, auf dem es sich am wohlsten fühlt. Krafttier Wal ist ein Lenker im Hintergrund, nicht aktiv handelnd, sondern einfach präsent durch ein bewusstes Dasein. Krafttier Wal ist Experte für Fragen, die sich um den wahren Ursprung von jemandem oder etwas drehen.

WAS ES BEDEUTEN KANN, WENN KRAFTTIER WAL BEI DIR AUFTAUCHT

Wenn Krafttier Wal bei dir auftaucht, kann das bedeuten, dass du die Tiefen deiner eigenen Seele weiter erforschen solltest. Blicke noch tiefer. Blicke nur, tue nichts. Erkenne einfach. Erkenne dein wahres Selbst. Krafttier Wal zeigt gerne auf, wer man wirklich ist. Damit ist nicht das alltägliche Ich gemeint, sondern derjenige, der dahinter ist. Immer da und immer wach. Das Auftauchen von Krafttier Wal kann ein Hinweis sein, dass du Wege finden solltest, dich mit deiner eigenen Innenwelt wohler zu fühlen. Und oft will es Menschen einfach sagen: *„Folge deiner spirituellen Berufung!"*

MIT KRAFTTIER WAL SCHAMANISCH ZUSAMMENARBEITEN

Krafttier Wal kann uns sehr gut darin unterstützen, die Berufung von jemandem herauszufinden. Auch deine eigene. Es kann uns außerdem anleiten, wie man Spiritualität wirklich nutzbringend für die Welt einsetzt. Weiter kann es uns helfen, herauszufinden, wo jemand als Seele wirklich herkommt. Und wer auf mystische Erfahrungen aus ist, findet in Krafttier Wal einen Experten dafür. Bei schwierigen Aufgaben kann Krafttier Wal uns Halt geben. Es verleiht einem gerne eine Art Rückendeckung, hält sich aber ansonsten lieber raus. Es greift nicht direkt ein, vermittelt aber gute Gefühle. Wenn man Krafttier Wal an seiner Seite hat, kann man ganz mühelos einen guten Eindruck bei anderen hinterlassen.

KRAFTTIER

BLAUWAL

Die Essenz: *Selbstvergessenheit – Lebenslust – Aufnahmebereitschaft*

WAS ES BEDEUTEN KANN, WENN KRAFTTIER BLAUWAL BEI DIR AUFTAUCHT

Krafttier Blauwal taucht dann auf, wenn du lustlos bist, wenn das Leben dir keine Freude mehr bereitet. Es möchte dich darauf aufmerksam machen, dass nicht das Leben dafür verantwortlich ist, dir Lust zu machen. Denn wie sagt man so schön: Der Schlüssel zum Glück steckt von innen. Der Schlüssel zur Lust auf das Leben auch. Krafttier Blauwal zeigt uns Menschen gerne, wie wir uns selbst vergessen können, ganz im positiven Sinne. Wenn sich immer nur alles um einen selbst dreht, macht das Leben irgendwann keine Freude mehr. Denn alles dient dann einfach nur der eigenen Befriedigung. Krafttier Blauwal rät uns: *„Vergiss einmal dich selbst. Schwinge dich in die große Welt ein. Spüre, wie lebendig und vielfältig sie ist. Und dann bringe diese Lebendigkeit in dein Leben zurück."* Krafttier Blauwal meldet sich auch gerne, wenn wir nicht bereit sind, etwas aufzunehmen, das wir aber dringend brauchen. Vielleicht stehst du dir gerade selbst im Weg, weil du nicht sehen möchtest, dass die Antwort oder die Hilfe schon da ist? Vielleicht hast du es dir anders gedacht, als es nun gekommen ist? Krafttier Blauwal rät hier dazu, über deinen eigenen Schatten zu springen.

KRAFTTIER

BUCKELWAL

Die Essenz: Gemeinsam sein – Schwelgen – Lebensfreude

WAS ES BEDEUTEN KANN, WENN KRAFTTIER BUCKELWAL BEI DIR AUFTAUCHT

Krafttier Buckelwal hat uns Menschen sehr genau beobachtet: *„Wenn zwei Menschen zusammen sind, muss nicht immer geplappert werden. Man kann auch einfach nur gemeinsam sein und die Gegenwart des anderen genießen. Immer probieren die Menschen, das Sein durch das ständige Tun wegzudrücken. Sie können einander gar nicht richtig kennenlernen, wenn sie ständig dazwischenschnattern."* Krafttier Buckelwal schwelgt gerne in der Tiefe der Seele. Dazu lädt es auch uns ein: einfach mal nur da sein und schwelgen. Krafttier Buckelwal möchte uns außerdem mitgeben: *„Lebensfreude kommt, wenn der Verstand Ruhe gibt. Ich möchte noch eines sagen, und zwar, dass wir Wale sehr auf euch Menschen aufpassen. Egal, was ihr tut, wir sind für euch da. Irgendwann werdet ihr erkennen, wer ihr seid, und dann werdet ihr auch verstehen, dass ein Wal nicht nur ein Wal ist."*

KRAFTTIER

NARWAL

Die Essenz: Ichbezogenheit – Selbstvertrauen – Lebensweg

WAS ES BEDEUTEN KANN, WENN KRAFTTIER NARWAL BEI DIR AUFTAUCHT

Krafttier Narwal taucht auf, wenn ein Mensch mit starker Ichbezogenheit zu tun hat. Es möchte dann aufzeigen, dass das Ich sich oft viel wichtiger nimmt, als es eigentlich ist: *„Ist es wichtig, was dein Ich zu diesem oder jenem meint? Oder ist es wichtiger, dass es allen gut geht? Die Meinungen deines Ich wechseln sowieso ständig. Was heute ach so wichtig war, kann morgen wieder unwichtig sein. Daher lasst es euch einfach gut gehen und stellt die scheinbare Wichtigkeit eures Ich zur Seite."* Krafttier Narwal stärkt außerdem gerne das Selbstvertrauen seiner Schützlinge: *„Du brauchst nicht viel Ichbezogenheit, um jemand zu sein. Vertrau auf dein Selbst. Dein Selbst ist viel umfangreicher und wissender als dein Alltags-Ich. Das möchte ich dir gerne zeigen."* Wenn Krafttier Narwal bei einem Menschen auftaucht, dann geht es oft um wichtige Korrekturen auf dem Lebensweg. Oft ist dann jemand zu weit von seinem Seelenplan abgekommen.

KRAFTTIER

ORCA

Die Essenz: *Verspielt sein – Inneres Kind – Leichtigkeit*

WAS ES BEDEUTEN KANN, WENN KRAFTTIER ORCA BEI DIR AUFTAUCHT

„Wenn etwas nicht mehr passt, dann ist es manchmal wichtig, es rigoros herauszureißen." In seinen Ratschlägen ist Krafttier Orca ganz direkt. Es bringt frischen Wind in eine Sache und ist oft das Krafttier, das die Rettungsleine zieht. Es kann auch sein, dass Krafttier Orca bei dir aufgetaucht ist, weil du kurz davor bist, abzustürzen, es aber noch nicht siehst oder nicht wahrhaben möchtest. Wenn du zu weit von deinem Seelenplan abgekommen bist, kann es dich sanft und verspielt wieder auf deinen Weg bringen: *„Vergiss auch nicht, es dir gut gehen zu lassen. Sieh, wie es ist, und interpretiere nicht zu viel hinein. Bevor du dich für etwas Weitreichendes entscheidest, versuche erst einmal, ein bisschen damit herumzuspielen. Zerbrich dir nicht den Kopf, du darfst es dir leicht machen."* Wenn du es schwer hast, dich gehen zu lassen, dich fallen zu lassen oder dich dem Moment hinzugeben, kannst du Krafttier Orca ebenfalls um Rat fragen.

KRAFTTIER

WESPE

***Die Essenz:** Etwas aufdecken –*
Genau hinsehen – Wahre Größe haben

DIE EIGENSCHAFTEN VON KRAFTTIER WESPE

Krafttier Wespe lässt erst dann locker, wenn jemand zugibt, dass er falschlag, wenn er tatsächlich falschlag. Es bohrt und bohrt, bis offenbart wurde, was unstimmig war. Mit seiner Energie kommt Verborgenes ans Licht und Betrug wird aufgedeckt.

WAS ES BEDEUTEN KANN, WENN KRAFTTIER WESPE BEI DIR AUFTAUCHT

„Ich hab dich erwischt“ – Krafttier Wespe deckt gerne auf, wenn jemand zu betrügen versucht. Oft geht es dabei um Selbstbetrug: *„Warst du ehrlich dir selbst gegenüber? Oder machst du dir etwas vor? Wahre Größe hat derjenige, der ehrlich zu sich selbst ist. Wahre Größe hat auch derjenige, der zugibt, dass er falschlag. Und wahre Größe hat derjenige, der erkennt, dass er nicht alles wissen kann.“* Krafttier Wespe taucht auf, wenn jemand versucht, jemand zu sein, der er nicht ist. Es fragt dann: *„Warum tust du das? Es gibt dich aus gutem Grund. Nämlich, weil du du bist.“* Krafttier Wespe bleibt an dir dran, bis du erkannt hast, dass du nur dich selbst verwirklichen kannst. Du kannst nicht einen anderen verwirklichen und andere können dich nicht verwirklichen.

MIT KRAFTTIER WESPE SCHAMANISCH ZUSAMMENARBEITEN

Krafttier Wespe kann dir helfen, noch genauer hinzusehen. Mit seiner Hilfe kannst du Dinge entdecken, die sonst schwer sichtbar sind.

KRAFTTIER

WIESEL

Die Essenz: *Lebendigkeit – Durchhaltekraft – Im Fluss sein*

MEINE ERFAHRUNGEN MIT KRAFTTIER WIESEL

Krafttier Wiesel war ein super Lehrer für mich, als ich vertiefend lernen wollte, den Energiefluss in meinem Körper zu lenken.

DIE EIGENSCHAFTEN VON KRAFTTIER WIESEL

Krafttier Wiesel ist die Energie in Bewegung: *„Wenn Energie sich nicht bewegt, dann ist sie im Grunde nicht da."* Es ist Lebendigkeit pur und strotzt nur so vor Vitalkraft. Krafttier Wiesel möchte immer etwas tun, kennt aber auch seine Grenzen und weiß, wann es besser ruhen sollte: *„Wer die Lebenskraft anhält, hält die Zeit an. Wer den Atem anhält, hält die Lebenskraft an."*

WAS ES BEDEUTEN KANN, WENN KRAFTTIER WIESEL BEI DIR AUFTAUCHT

Krafttier Wiesel möchte dich darauf aufmerksam machen, was du mit deiner Lebensenergie machst: *„Vergeudest du sie? Behalte sie besser bei dir, wenn du keinen wichtigen Grund hast, sie einzusetzen. Lass deine Energie nicht verpuffen."* Krafttier Wiesel taucht gerne dann auf, wenn sich jemand verausgabt hat, um dann zu lehren, wie man besser mit der Energie haushaltet. Krafttier Wiesel taucht außerdem gerne auf, wenn die Energie von jemandem blockiert ist, wenn das Leben irgendwie stockt. Manchmal muss man dann noch etwas durchhalten, bis es wieder fließt. Und dabei steht dir Krafttier Wiesel auch sehr gerne zur Seite: *„Steigere deine Lebensenergie, indem du sie weniger vergeudest. Bringe und halte deine Energie im Fluss."*

MIT KRAFTTIER WIESEL SCHAMANISCH ZUSAMMENARBEITEN

Krafttier Wiesel ist ein wunderbarer Lehrer, wenn du Energiearbeit in Kombination mit Körperbewegungen lernen oder vertiefen möchtest, also zum Beispiel Tai Chi, Qi Gong, Atemtechniken oder Yoga. Es ist ein guter Partner bei schamanischen Extraktionen, da es sehr gut helfen kann, festsitzende alte Energien zu lösen. Krafttier Wiesel ist auch ein guter Lehrer für schamanische Trance-Techniken.

WILDSCHWEIN

Die Essenz: *Durchsetzungskraft – Widerstände lösen – Sich für Neues öffnen*

MEINE ERFAHRUNGEN MIT KRAFTTIER WILDSCHWEIN

Vor einigen Jahren wollte ich ein schamanisches Ritual durchführen, um ein sehr hartnäckiges Thema anzugehen. In meinem Geist saß sehr tief und fest eine Thematik, die ich alleine nicht erreichte. Daher suchte ich nach einem Krafttier, das mich dabei unterstützen sollte. Und Krafttier Wildschwein meldete sich bei mir. Das Ritual lief mit Leichtigkeit und mein Thema löste sich in Wohlgefallen auf. Als ich mich außerdem eine Weile intensiv mit Fliegenpilzen beschäftigte, begegnete mir dabei auch des Öfteren Krafttier Wildschwein.

DIE EIGENSCHAFTEN VON KRAFTTIER WILDSCHWEIN

Krafttier Wildschwein hat eine besondere Sturheit. Mit Sturheit assoziieren die meisten eher etwas Negatives. Sie kann aber auch eine wundervolle, positive Kraft sein. Krafttier Wildschwein besitzt Sturheit in Form von Durchsetzungskraft. Es ist sehr stark mit der Erde und auch mit so manchem Pilz verbunden. Wenn Krafttier Wildschwein aktiv ist, dann zeigt es sich ganz deutlich im Vordergrund. Es tritt aber nur hervor, wenn es wirklich gebraucht wird. Ansonsten wird man es kaum wahrnehmen können. Krafttier Wildschwein deckt gerne Irrtümer auf und mag es, hartnäckige Widerstände aufzulösen, um neue Erfahrungen zu ermöglichen.

WAS ES BEDEUTEN KANN, WENN KRAFTTIER WILDSCHWEIN BEI DIR AUFTAUCHT

„Löse dich vom Alten und öffne dich für etwas Neues." Damit kommt Krafttier Wildschwein oft bei den Menschen angerauscht. Wer hartnäckig an etwas festhält, das aber nur schadet oder den weiteren Weg blockiert, geht in Resonanz mit Krafttier Wildschwein. Manchmal taucht es auch einfach auf, löst hartnäckige Widerstände und Blockierungen und verschwindet wieder. Es kann ganz plötzlich erscheinen und ist dann genauso schnell wieder weg.

MIT KRAFTTIER WILDSCHWEIN SCHAMANISCH ZUSAMMENARBEITEN

Krafttier Wildschwein kann dir dabei helfen, bei schamanischen Trance-Reisen das Wesentliche nicht aus den Augen zu verlieren. Verlierst du schnell den Bezug zur Realität, dann kann es dir helfen, diesen besser beibehalten zu können. Auch wenn du Schwierigkeiten hast, wieder sicher zurückzukommen und dich danach gut zu erden, bitte Krafttier Wildschwein um Hilfe. Es kann dir außerdem helfen, gewonnene Einsichten und neue Energien in deinen Alltag zu integrieren, deine Visionen umzusetzen, und wenn dir etwas Wichtiges verborgen bleibt, kann es helfen, dies für dich aufzudecken.

KRAFTTIER

WOLF

***Die Essenz:** Lernen und Lehren – Zwischenmenschliches Feingespür – Teamwork*

MEINE ERFAHRUNGEN MIT KRAFTTIER WOLF

Krafttier Wolf war in meiner eigenen Kindheit sehr präsent. Ich bekam des Öfteren von diversen Wölfen Besuch, sobald ich im Bett lag und das Licht ausging. Das machte mir natürlich höllische Angst, denn diese Wölfe waren sehr real. Ich habe damals mit niemandem darüber gesprochen, denn das wäre als „schlecht geträumt" oder „nicht so viele Filme vor dem Schlafengehen anschauen" abgestempelt worden. Das hätte aber übrigens auch nicht erklärt, warum es immer Wölfe waren. Krafttier Wolf ist also schon sehr lange an meiner Seite, und seitdem ich bewusst in schamanischen Sitzungen arbeite, ist mir dabei Krafttier Wolf ein sehr wichtiger Helfer. Besonders bei Extraktionen hilft es mir immer ganz eifrig. Vor einigen Jahren hat Krafttier Wolf mir außerdem dabei geholfen, ein wichtiges, in mir schlummerndes schamanisches Erbe zu entdecken und freizulegen, damit ich Zugriff darauf bekam.

DIE EIGENSCHAFTEN VON KRAFTTIER WOLF

Krafttier Wolf ist ein guter Lehrer und ein guter Schüler. Genau das vermittelt es sehr gerne. Jeder lernt und lehrt ständig. Wer damit aufhört, stirbt. Man muss am Leben aktiv teilhaben und sich austauschen. Krafttier Wolf drückt es so aus: *„Wir sind zum Lernen hier. Und Lehren ist auch nichts anderes als ein Prozess des Lernens.“* Krafttier Wolf ist ein guter Führer, kann sich aber auch gut unterordnen. Wenn du das auch kannst, kannst du gut mit ihm zusammenarbeiten. Es hat auch eine Grundschwingung von „sich selbst nicht vergessen im Zusammensein mit anderen“. Es achtet immer sehr genau auf sich im Kontext mit seinem Umfeld. Dieses feine Gespür ist etwas Besonderes bei ihm. Und das kann sich auch übertragen, wenn man in der Präsenz von Krafttier Wolf ist.

WAS ES BEDEUTEN KANN, WENN KRAFTTIER WOLF BEI DIR AUFTAUCHT

Oft taucht Krafttier Wolf auf, wenn es etwas Wichtiges zu lernen gibt oder wenn man das Potenzial hat, etwas Wichtiges zu lehren. Wenn es mit zu deinem Seelenplan gehört, zu lehren, wird Krafttier Wolf früher oder später bei dir auftauchen und dich im Hintergrund anleiten, deine Lehrerfähigkeiten zu entwickeln beziehungsweise auszubauen. Sein Auftauchen kann dir auch den Hinweis geben, dein Feingespür für Zwischenmenschliches zu entwickeln. Krafttier Wolf rät dazu, auf alle zu achten, auch auf diejenigen, die nicht auf sich selbst achten können. Aber achte auch auf dich, darauf, was du brauchst und wo deine Grenzen sind. Manchmal ist es auch wichtig, sich bewusst zurückzunehmen. Man muss nicht immer im Vordergrund stehen, aber sollte auch nicht immer im Hintergrund stehen. Du solltest dich so verhalten, wie es angebracht ist und für alle (und besonders für dich) gut ist.

MIT KRAFTTIER WOLF SCHAMANISCH ZUSAMMENARBEITEN

Krafttier Wolf kann sehr schnell irgendwohin verschwinden, etwas holen und ist – schwupp – wieder da. Das ist manchmal echt verblüffend. Es kann aber auch Dinge sehr schnell wegbringen, die nicht mehr gebraucht werden. Zum Beispiel, wenn jemand eine alte Energie bei sich hat, die in diesem Kontext gerade sehr schädlich ist. Krafttier Wolf nimmt sie dann und bringt sie weg. Erledigt. Manchmal gibt es vielleicht etwas Energetisches, das man besser nicht anfassen sollte. Krafttier Wolf packt es dann einfach und bringt es weg. Krafttier Wolf durchschreitet sehr schnell die Dimensionen. Es kann dir gut überallhin folgen, solange du im Dunstkreis der Erde bleibst.

KRAFTTIER

ZEBRA

Die Essenz: Schutz – Anpassung – Lebenskraft

DIE EIGENSCHAFTEN VON KRAFTTIER ZEBRA

Krafttier Zebra ist es wichtig, die Erde zu schützen, vor allem vor uns Menschen: *„In der Masse unterzugehen ist gut, weil das Sicherheit gibt. Das ist ein Schutz. Aber wer schützt die wilde Natur vor euch Menschen? Nur ihr selbst könnt das tun, indem ihr euch selbst schützt. Denkt daran, dass auch ihr die wilde Natur seid. Lasst ab vom trennenden Denken und seht euch das Leben an, wie es ist, ohne es zu zerdenken. Alle Menschen zusammengenommen, wenn sie nicht denken, sind eine Macht, die von jetzt auf gleich das von allen ersehnte Paradies erschaffen kann. Wenn ihr denkt, dann denkt nicht schwarz-weiß, denkt nicht analytisch, sondern denkt mit dem ganzen Sein an das ganze Sein."*

WAS ES BEDEUTEN KANN, WENN KRAFTTIER ZEBRA BEI DIR AUFTAUCHT

Wenn Krafttier Zebra sich bei dir meldet, kann das bedeuten, dass du vergessen hast, aktiv am Leben teilzunehmen, und nur vor dich hin lebst. Es kann auch bedeuten, dass du aufgehört hast, die vielen Dinge zu sehen, die in keine Schublade hineinpassen. Krafttier Zebra rät dir dazu, nicht zu viel nachzudenken, nicht alles zu analysieren und in Kategorien einzuteilen: *„Denn sonst siehst du nicht mehr, wie es wirklich ist. Schaue mit deinem Herzen. Sieh, was es braucht, und handle danach. Achte auch auf diejenigen, die nicht auf sich selbst achten können. Wenn du tust, was du tust, nur weil andere es auch tun, bedeutet das nicht, dass das der korrekte Weg ist."*

MIT KRAFTTIER ZEBRA SCHAMANISCH ZUSAMMENARBEITEN

Wenn du dich für den Umweltschutz einsetzen möchtest oder Rituale für Mutter Erde planst, lade gerne Krafttier Zebra ein, daran mitzuwirken.

KRAFTTIER

ZIEGE

Die Essenz: *Stabilität – Grundlagen schaffen – Liebe*

DIE EIGENSCHAFTEN VON KRAFTTIER ZIEGE

Krafttier Ziege hat eine ganz stabile Grundschwingung. Es achtet immer darauf, dass gute Grundlagen vorhanden sind, bevor etwas getan wird. Seine grundlegende Botschaft lautet: *„Liebe ist die Basis von allem."* Krafttier Ziege handelt immer direkt aus der Liebe heraus und hat daher eine heilsame Wirkung auf das Herz-Chakra und alle Themen, die damit in Resonanz sind (zum Beispiel Familie, Freundschaft, Einlassen, Harmonie, Miteinander, Wohlwollen).

WAS ES BEDEUTEN KANN, WENN KRAFTTIER ZIEGE BEI DIR AUFTAUCHT

Wenn Krafttier Ziege bei dir auftaucht, dann wahrscheinlich deshalb, weil du bessere Grundlagen brauchst oder die vorhandenen ausgebaut werden müssten: *„Stabiles Wachstum ist nur möglich, wenn die Basis stabil genug ist. Wenn dort etwas bröckelt, dann ist es besser, noch einmal einen Schritt zurückzugehen, um die Basis weiter auszubauen. Denn dann kannst du auch höher hinauswachsen. Auch zwischendrin, während du weiterwächst, kann es hilfreich sein, immer wieder eine neue Basis zu schaffen."* Vielleicht brauchst du auch mehr als eine Grundlage für dein weiteres Wachstum. Das kann zum Beispiel eine weitere Fortbildung, jemand, der dir hilft, oder ein weiteres Werkzeug sein. Krafttier Ziege rät uns, immer wieder einmal zu prüfen, ob noch alles stabil ist. Ansonsten läuft man Gefahr, dass alles irgendwann einstürzt. Wenn bei dir bereits etwas eingebrochen oder umgestürzt ist, dann kann auch deswegen Krafttier Ziege bei dir sein. Krafttier Ziege hilft nämlich auch gerne beim Recycling beziehungsweise Upcycling. Es ist nie alles zerstört. Es ist immer noch etwas da, das man für den weiteren Weg nutzen kann. Krafttier Ziege möchte dir in solchen Fällen Mut machen: *„Auch wenn es so scheint, als würde alles um dich herum zusammenbrechen, vergiss nicht, dass Liebe immer die Basis für alles ist."*

MIT KRAFTTIER ZIEGE SCHAMANISCH ZUSAMMENARBEITEN

Wenn du gute Grundlagen schaffen möchtest, in dir oder in deinem Leben, bitte Krafttier Ziege um einen Rat. Wenn du es öfter kontaktierst oder es von sich aus an deiner Seite ist, wird es dir mit der Präsenz der Liebe dabei helfen, dass sich alles nach und nach so zusammenfügen wird, dass du optimal wachsen kannst.

ÜBER DEN AUTOR

Benjamin Maier ist Lehrer für schamanische Geistheilung und Reiki, mit eigener Naturheilpraxis in Freiburg. Er studierte Philosophie und unterrichtet seit vielen Jahren schamanische Heilarbeit. Immer bekannter wurde der Autor durch seinen YouTube-Kanal, in dem er auf erfrischende Art und Weise das Thema Krafttiere präsentiert. Sein Anliegen ist es, interessierten Menschen schamanische Arbeitsweisen auf eine moderne und alltagstaugliche Weise nahezubringen. Im Jahr 2020 hob der Autor seine Vision, jedem die schamanische Geistheilung möglichst einfach zugänglich zu machen, mit einem selbst entwickelten Training für zu Hause auf ein neues Level. Dieses Lehrmodell erfreut sich großer Beliebtheit und hat gezeigt, dass, wer bereit ist, zu üben, dies auch wirklich lernen kann.

MEHR ÜBER DEN AUTOR UND SEINE ARBEIT FINDEST DU UNTER:
www.schamanisch-bewusst.de
www.schamanischer-heiler.de

Youtube: Benjamin Maier

DAS KARTENSET ZUM BUCH MIT JE DREI ESSENZIELLEN KRAFTTIERBOTSCHAFTEN:
Kartenset: Schamanische Krafttiere – Entdecke deine Seelenbegleiter
GTIN 4260478341913
UVP 9.99 € (DE) / 9.99 € (AT)

DANKSAGUNG

Ich bin dankbar dafür, dass ich zu dieser besonderen Zeit hier auf der Erde sein darf, in der sich aufgeklärte Rationalität und freie Spiritualität in Frieden und Harmonie die Hände reichen können. Noch nie war es möglich, so mühelos Zugang zu Wissen und Fähigkeiten zu bekommen, wie es uns hier und heute möglich ist. Das Bewusstsein der Menschheit erhöht sich und das macht es Menschen wie mir immer leichter, ihren Weg in dieser Welt zu beschreiten. Daher: vielen Dank an alle, die bereit sind, sich der Liebe und dem Frieden hinzugeben.

Ich danke im Besonderen auch allen Menschen, die bewusst oder unbewusst, direkt oder indirekt einen Beitrag dazu geleistet haben, dass ich nun ein Buch über Krafttiere schreiben konnte: Meiner Familie, meinen Lehrern, meinen Klienten, meinen Schülern, meinen Freunden, dem Verlag ... Und vor allem danke ich natürlich den Krafttieren für ihren Einsatz und ihre Mitwirkung und ich danke allen anderen unsichtbaren Kräften, die stets bemüht sind, mir meine Möglichkeiten für weiteres Wachstum aufzuzeigen.

Und der wichtigste Mensch in meinem Leben ist meine geliebte Frau, die mit mir durch viele Höhen und Tiefen gegangen ist. Ihr gilt mein größter Dank.

IMPRESSUM

Bibliografische Information der Deutschen Bibliothek.

Die Deutsche Bibliothek verzeichnet diese Publikation in der Deutschen Nationalbibliografie.

Detaillierte bibliografische Daten sind im Internet über http://www.dnb.de/ abrufbar.

EIN BUCH DER EDITION MICHAEL FISCHER
1. Auflage 2022

Bildnachweis:
Cover: Shutterstock: © evgo1977 (Löwe); © A-Star (sphärischer Hintergrund); © Qiu Qiu (sphärischer Hintergrund); © okeykat (kreisförmige Sprenkel); © piixypeach (Hand, Feder im Button); © Chikovnaya (Monde, Planeten); © Transia Design (Monde, Sterne, Planeten); © Hmarka (Kreiselemente)

Innenteil: Shutterstock: © evgo1977: S. 8, 17, 28, 80, 106, 108, 110, 111, 113, 114, 126, 180, 184, 188, 190, 194, 198, 216, 220, 238, 246, 252, 258, 280, 290, 298, 312, 314, 318; © Alexander_P. S. 17; © Bourbon-88: S. 22; © filkusto: S. 23, 92, © intueri: S. 25; © Lina Keil: S. 27; © ALMAGAMI: S. 29; © Peratek: S. 30, 41, 72; © Cool Hand Creative: S. 31; © Serafima Antipova: S. 32; © Fears: S. 34, 38; © Tamiris6: S. 36; © Evgeny Turaev: S. 38; © kotoffei: S. 51; © Kirill.Veretennikov: S. 63, 65; © harmonia_green: S. 71; © Alex Rockheart: S. 93, 300, 302, 303, 304, 305; © aksol: S. 96, 98, 102, 118, 132, 134, 138, 140, 146, 152, 156, 170, 176, 178, 200, 210, 212, 226, 240, 244, 274, 282, 286, 288; © Serafima Antipova: S. 98; © galacticus: S. 98, 100; © Dn Br: S. 17, 104, 232; © ArtoPhotoDesigno Studio: S. 115; © Morphart Creation: S. 116, 254; © Amili: S. 120; © Bodor Tivadar: S. 122, 130, 172, 224, 228, 248, 292; © andrey oleynik: S. 124; © Ecaterina Sciuchina: S. 128; © Yevheniia Lytvynovych: S. 136; © Ecaterina Sciuchina: S. 142; © xamyak: S. 144; © mart: S. 148, 160, 168, 186, 192, 276, 306; © mamita: S. 150, 316; © ROS.art: S. 154; © V.Ley: S. 158; © Vorobiov Oleksii 8: S. 162; © singgih AP: S. 164; © Azamat Fisun: S. 166; © Aritha: S. 174; © AnastasiaOsipova: S. 182; © Vorobiov Oleksii 8: S. 196; © chronicler: S. 202; © Fisenko Nataliia: S. 206; © Val_Iva: S. 208; © Sabelskaya: S. 218; © andrey oleynik: S. 230; © Dominika_Petrtylova: S. 236; © Arthur Balitskii: S. 242, 310; © LAATA9: S. 250; © silver tiger: S. 256; © Evgeny Turaev: S. 260; © AVA Bitter: S. 262; © Monika Cayu: S. 264; © Kerly Violett: S. 268; © sirma okan: S. 270; © LittleAirplane: S. 272; © Canatic: S. 278; © AnastasiaOsipova: S. 284; © Tany Gust: S. 296; © Elen Koss: S. 308; © Tanya Antusenok: S. 318; © sirma okan: S. 318

Mehrfachverwendung Innenteil: Shutterstock: © A-Star (Sphärischer Hintergrund); © Wonderstudio (Feder, Pfeil, Runen, Rauten); © Peratek (Trommel, Schmuckelemente); © Trikona (Schamanische Trommel); © Chikovnaya (Monde, Planeten); © Hmarka (Kreiselemente); © Transia Design (Monde, Sterne, Planeten, Sonnen); © Vinko93 (Lichtstrahlen Krafttiere)
Autorenfoto S. 318: © Benjamin Maier

Covergestaltung: Suparada Ströbl
Redaktion und Lektorat: Marlen Kleinhans
Layout: Carolin Mayer
Satz: Carolin Mayer und Eva Krebs

ISBN 978-3-7459-1355-2

Gedruckt bei Polygraf Print, Čapajevova 44, 08001 Prešov, Slowakei

www.emf-verlag.de